向模式要利润②

打破赢利边界的51个方法

周祺林◎著

人民邮电出版社

北京

图书在版编目（CIP）数据

向模式要利润. 2，打破赢利边界的51个方法 / 周祺林著. -- 北京 : 人民邮电出版社，2019.2
ISBN 978-7-115-49785-7

Ⅰ. ①向… Ⅱ. ①周… Ⅲ. ①企业管理－商业模式－研究 Ⅳ. ①F272

中国版本图书馆CIP数据核字(2018)第241763号

内容提要

本书从企业基因谈起，跳出传统思考产品、技术、渠道的惯性思维，了解企业的幸福基因。介绍从 0 到 1 的颠覆性创新思考，企业家应顺应时势，倡导新时代新工匠精神；从跨界角度介绍很多新方法，解读商业模式设计的核心——交易结构，把市值推向新高度；最后帮助企业布局未来，开启新征程，描绘了商业模式带来的美好前景。本书适合企业董事长、总裁等高层决策者，集团事业部总经理、总监，极具潜质和梦想的创业者，以及希望增进对商业模式了解、改善现有商业模式的企业管理者阅读。

◆ 著　　　　周祺林
责任编辑　赵　娟
责任印制　彭志环

◆ 人民邮电出版社出版发行　　北京市丰台区成寿寺路 11 号
邮编　100164　　电子邮件　315@ptpress.com.cn
网址　http://www.ptpress.com.cn
大厂聚鑫印刷有限责任公司印刷

◆ 开本：700×1000　1/16　　彩插：1
印张：17　　2019 年 2 月第 1 版
字数：245 千字　　2019 年 2 月河北第 1 次印刷

定价：59.00 元

读者服务热线：(010)81055488　印装质量热线：(010)81055316
反盗版热线：(010)81055315
广告经营许可证：京东工商广登字 20170147 号

推荐序一

谈到商业模式，人们会很自然地想起管理大师德鲁克那句名言："当今企业间的竞争，不是产品与服务之间的竞争，而是商业模式之间的竞争。"通过学习、完善企业的商业模式，持续优化利益相关者的结构，构建自身的核心竞争力，已成为企业家的共识。特别是对中小企业的创业者来讲，他们不但需要商业模式的理论指导，而且需要案例启发与落地方法；不仅要知道为什么，还要知道如何做；既希望老师"传道"，又希望"大夫"诊断。

周祺林教授多年如一日地深耕商业模式研究、教学与咨询，博采众长又自成一体，针对全国成千上万名企业家开展讲座、进行相关辅导，深得企业家欢迎。周祺林教授在为众多企业的转型升级助力加油的同时，又对基于改革实践中产生的许多经典案例进行提炼，并总结方法，终形成这本新书，让人切实感受到"纸上得来终觉浅，绝知此事要躬行"。本书字字珠玑，段段有理，案例鲜活，信手拈来又画龙点睛，从具体实例中提炼方法，读后顿觉豁然开朗、耐人寻味。

作者自培育商业模式的基因起步，由浅入深，由表及里，依次分析了商业模式的重构、创新及企业的再定位、跨界与成长，构成了本书的十个章节。这十个章节实质上是企业转型升级的"十把钥匙"，每章都由"三部曲"组成。第一部"曲"：理论分析，即"使用说明"；第二部"曲"：具体方法，即"路径指引"；第三部"曲"：案例阐述，即"形象演示"。这样简单明了的布局使读者在片刻休憩之余，也能轻松入眼，会心一悟；同时，理论部分是基于中国企业现状中各种问题的总结与升华，只有作者能真正体会企业家们的快乐，领悟企业家们的痛苦，了解企业家们的所思所想，才能有感而发，有理而论。在方法论上，周教授不做所谓成功经验与方法的“搬运工”，千企千面，一把钥匙开一把锁，他结合生动的课堂学习交流，使深奥的方法简单明了。

当其他专家为“商业模式”的定义而苦思冥想时，作者却抛出了“好的商业模式就是一点投入，多点受益”的观点，多么简明扼要；当企业家只关注企业有形产品时，本书指出“任何产品是由核心产品、有形产品、精神产品组成”，多么振聋发聩；当许多企业家仍然沉湎于“融钱、投资”困境不能自拔时，作者提出“钱是最不值钱的，对企业家来说，最核心的是看钱能力（即资源整合能力），用钱能力（即选择商业模式），赚钱能力（即让企业值钱）”，这是不是企业轻资产化最直观的说明？在案例部分，他不讲“高大上”的“苹果、阿里巴巴”，即便作者已把它们研究得入木三分，但于我国中小企业并无多大益处。他只分享“邻家小妹梳与妆，轻松嫁入豪门里”的故事，不管是作者亲自辅导企业总结的经验，还是行业标杆企业的成功模式，抑或是先行先试者的积极探索，哪怕是失败者的宝贵教训，都使我们觉得这些事例就在身边，和我们息息相关。

作者将商业模式方法这种理论性很强的主题，通过章节分类，具体细化，并进行现身说法、案例分析，将每个观点具化为形象的事例，使疑难杂症通过问答逐一明晰，将学员的困惑就地转化为课堂案例。这充分反映了作者不仅在用双手写书，更在用双脚积累素材；不仅在做理论的梳理，更在做实践的总结；不仅是以学推教，更是以教带学；在传播商业文明的同时，又引领商业文明的发展。

作者的第一本专著《向商业模式要利润：商业模式颠覆、创新与重构》，以理论分析为主，本书以商业模式方法论为主，同时作者正在准备创作《商业模式工具》一书。若第三本书著成，将形成商业模式理论、方法、工具的系列研究成果，这必将在商业模式的教学与实践领域开创先河，可喜可贺，值得期待！

在当下理论界还沉浸在“拿来主义”的余温中时，面对艰难转型的中小企业，周教授以赤诚之心，在对中小企业日复一日、年复一年的教学咨询中，总结升华出本书。它不但在理论上引领了新风，还为我国处在变革十字路口的企业家们点亮了一盏明灯，我们为此鼓掌与欢呼！

经济学博士

北京大学汇丰商学院金融与资本研究中心执行主任

中央财经大学资本市场研究中心主任

邱金辉

推荐序二

中国已进入新时代，开放和共享的精神不仅催生着行业的新生态，也催生着企业运营的新生态。中国传统产业随着互联网应用的精准化、智能化转型升级，数字化、信息化、智能化已成为新常态。作为一家致力于企业信息化革命的上市企业，如何让千千万万的企业应用互联网技术提升效率是我时常思考的问题，尤其是在80后、90后在职场中占据越来越重要角色的当下，知识型人才的理念已深入人心，所谓的新新人类带来的知识多元化也让众多企业家措手不及，传统管理理论与做法逐渐失灵，正如我一直以来所坚持的理念：管理的核心在理而不在管，让每位管理者用网络的力量自主工作，将人才的主观能动性发挥到极致，才是管理的最高境界。

这些年，很多中小企业陷于管理水平低下的问题而惨遭淘汰，尽管点对点的电子商务模式发展到了极致，但其本质仍是封闭的。这就好比它连接了从甲到乙的大门，但丙、丁、戊仍在门外徘徊。因此，英唐智控创立S2S的初衷是为企业家提供一扇开放的大门，提供简易的软件，让管理不再难，让生意更简单，让过去不得入其门的丙、丁、戊能够低门槛甚至无门槛地展示自己。

1986年，绝大部分中国人没见过电脑，更不知道集成电路为何物，此时深圳的电子元器件行业出现还不到三年，我就是在这一年进入了电子行业，也亲历了这个行业从蓝海到红海，从“小荷才露尖尖角”到成为全世界最大的电子分销市场的过程。2015年，深圳华商龙作为具有20年行业经验的技术型授权分销商，在国内电子分销业的销售规模达40亿元，占据行业前三。尽管中国的电子产业规模已成为世界第一，国内的企业也拥有了创新能力，但电子分销领域迟迟没有出现世界级的寡头企业。国人对电子分销的认识一直停留在“批发商”的层面，而迟迟得不到资本的助力和认可。直到 2015 年夏天，在电子分销行业的并购重组大潮中，英唐智控收购深圳华商龙的 100% 股权，这个壮举也为英唐智控带来了不一样的机遇和发展。

这也进一步证明了在资本时代，企业家只有认识资本、理解资本、善用资本，才能为自己的企业赢得未来。互联网发展至今，从 20 世纪 70 年代的“软硬一体化”开始，到 2000 年以后软件产品成为独立销售的产品，再到 2010 年左右软件和网络结合的一体化，直到前两年，软件终于开始和服务结合——从传统的“卖产品”演变为如今的“卖服务”，这是一个质变的过程，且这个过程正在持续下去。这个过程所反映出的信息含量更值得众人深思。正如德鲁克所言，当今企业之间的竞争已不再是产品的竞争，而是商业模式之间的竞争。显然，传统商业模式已无法满足用户需求。移动互联网时代的到来，不仅让传统互联网行业面临被颠覆的风险，其对各行各业的影响都不容忽视。就像周教授在本书中所讲到的，在移动互联网时代的大背景下，企业商业模式的创新直接决定了企业是被无情淘汰还是凤凰涅槃、浴火重生。

有了商业模式的概念之后，我想大部分企业家也必然和我一样对“商业模式究竟为何重构、该怎样重构、重构之后的路又该如何走”这些问题产生深深的困惑。对此，我深感庆幸的是成立的英唐管理学院可以为企业保驾护航。英唐管理学院成为智慧产业领航者，如今已效果初显。我们聘请北京大学、清华大学总裁班知名教授周祺林老师作为英唐管理学院的特聘教授，为团队主讲模式智慧、资本智慧、文化智慧核心课程。周祺林教授早先与我谈到想写一本关于商业模式方法论的书，我十分支持，并期待将他的这一套方法工具用以实现企业的互联网化。如今书成，周祺林老师在本书中并没有一味地硬塞理论，让读者无从下口，反之，他用大量通俗易懂的语言重点讲解了商业模式可操作的方法论，通过细分领域、案例分析，“手把手”地教你如何构建属于自己的独特的商业模式，帮助你站在模式顶端俯瞰全局。无论是周老师本人还是其新书，带给我的启发都非同一般。

自2014年起，英唐智控开始逐步整合行业资源，打通行业产业链，通过纵向发展战略，整合产业上游资源；后期又通过收购、增资优软科技，实现了公司向产业互联网的延伸。英唐智控基于SaaS的UAS管理系统已经实现了与产业互联网平台的连接。接下来，英唐智控还将结合周祺林老师商业模式的独特理论，打造企业服务平台，实现产业链之间的智慧互联，借此为企业家带来更为优质、便捷的服务。

这是一本值得所有渴望改变、获得重生的创业者及企业家阅读的枕边书，干货满满，可以让企业少走弯路！互联网、移动互联网、物联网等改变了产业形态和我们的生活，也催生了商业模式的创新。相信在本书的指导下，资本时代带给我们的将不再是沉重不堪的压力，而是无限的机遇！

英唐智控总裁

钟勇斌

推荐序三

商业模式的概念早在20世纪50年代就有人提出来了，但真正盛行是在20世纪90年代末。随着互联网在全球范围内的迅速发展和崛起，传统行业被彻底颠覆，各种创业企业不断兴起，商业模式的概念开始引起广泛关注。经过20多年的发展，互联网的浪潮已经席卷全球，如今赚钱的模式越来越多：淘宝打败了众多传统的后铺商家，微信颠覆了运营商，滴滴、美团、喜茶等在短短几年内受到投资者的青睐，获得多轮融资、迅速扩张以及不菲的估值，甚至赛过许多老牌企业。这追根到底都得益于它们独特的商业模式。成功只需要一个创意和一个商业模式，德国一家提供免费公厕的公司年赚3亿元，还开了全国连锁店。你一定很惊讶：做公厕怎么能赚这么多钱？原因就在于它使用了正确的商业模式。

我曾经做实业多年，25岁时就担任一家实业公司的总经理，先后在三家知名实业企业担任总经理。2011年年底，我创办了自己的企业，一直立足于实业发展，在传统领域用传统的方式做着传统的生意。虽然在创业的第一个半年，我们就做到了1.5亿元的营业额，至今年销售额已突破6亿元，但随着近年来整体经济的下滑，行业恶性竞争愈演愈烈，产品利润越来越薄，这让我真正意识到传统生意还是太过单一，如果继续在价格上“火拼”，最终只能形成恶性循环，所以我想着一定要跳出固有思维。刚开始我仅有想法，却不知道如何落地，直到后来我创办了瑞云管理学院，进军大健康养生养老行业后，才开始对商业模式有了清晰的认识和实操的机会。

最初结识周祺林教授是听他的一堂关于商业模式的课，后来我邀请他到瑞云管理学院讲授商业模式，并有机会同周教授一起从理论到实践去践行模式的落地，甚至后来有了一些项目的深度合作。在周教授的指导下，我们先对瑞云管理学院的模式进行了梳理与创新：被录取的学员先进入总裁班学习理论知识（知）；从总裁班毕业后，部分优秀学员进入总裁沙龙（学员都是企业老板或高管），根据所学理论为自己优秀、创新的项目设计商业模式并进行路演，老师给予指导，大多数学员通过项目路演使模式落地并运用，找到了发展方向（行）；沙龙毕业后，再升级进入私董会，私董会主要是让各位企业老板知道如何依据科学的企业治理结构及法规制度进行企业合资（合）；私董会结束后直接进入总裁俱乐部（一）。整个过程的模式可总结为“知行合一”。

除了瑞云管理学院的践行实例之外，我与周教授还一起为我们合作的大健康养老领域的新事业设计了适合自身发展的创新商业模式。当然，布局大健康行业对一直立足于实业的我来说无疑是一个巨大挑战，周教授对我们汇云健康科技做了顶层架构设计（包括商业模式设计：开生活馆—圈粉丝—建大数据—建生态圈—上市—制定行业标准），有了这些框架和方向之后，我们才能一步一步朝着正确的方向稳健发展。2016 年至今，居家养生馆已开设 50 多家连锁店，相信未来会以更快、更稳的速度倍增，最终实现终极目标。正是这些案例的实践，才使我们对商业模式的认识有了更加深刻的体会。

周教授多年来潜心研究新经济时代特征，同时也在不断学习、更新知识体系，并为许多中国知名企业提供辅导，助其落地，他是一位与时俱进的顶层架构及商业模式设计大师。

回首过去的 5 ～ 10 年，中小企业经营困难、找不到出路、生产成本居高不下、设备落后、技术水平低下、产品同质化严重、留不住人才等限制了中小企业的发展。反思问题的根本，就在于这些企业没有从商业模式的角度找到企业的发展之道，更多的是为了赚快钱、完全无积累、盲目跟风、缺乏核心竞争力所导致的。成功的企业一定是设计出来的，一流的企业一定有一流的模式。只有根据自身资源和市场需求设计适合内外部环境的商业模式，才能找到适合自己企业的发展道路，才能从山寨走向成功。当然，好的商业模式必须有自身核心的资源做支撑（如产品、技术、人才等），如果仅有模式而没有核心资源，只想一夜暴富，就会像周教授在书中提到的烟花型企业一样，只能瞬间绽放、昙花一现。

其实创建商业模式并不像大家想象得那么抽象、那么难。在本书中，周教授提出了51种商业模式的创建方法。每个方法都是经过周教授多年苦心研究并在实践中得出的结论，非常务实、有效。书中提到的一些方法是为我的企业以及我们学员的企业运用并受益的。例如：如何跨界整合？如何不做第一，就做唯一？如何一次投入，多点收益？如何把企业做得值钱？如何给企业“瘦身”，从重资产到轻资产……在这本书中，各位企业家既能发现企业自身的问题，又能得到许多具体的方法指导，从而根据自身企业的特点设计或找到适合企业发展的商业模式。本书为企业在这个变化日新月异、竞争激烈的时代立于不败之地提供了智囊。

期待与各位朋友一起共同学习，共同成长！

瑞云集团董事长

瑞云管理学院校董会主席

陈亚荣

推　荐

以前我一直认为企业只要有好产品、好利润就可以了，学习了商业模式课程后，我才发现这种思维是严重的传统运营思维。今天的企业一定要有制高点，一定要打破传统观念，设计一个好的企业，一个有价值的企业！

——山西右企发科技有限公司总经理　温仰锋

忘记成本，以价值为导向；忘记差价，以市值为导向。建筑业正由传统向新智能、新特色的结构化转变。学习了周祺林教授的课程，我认为改变商业模式，就是改变企业基因，让企业获得新生、让企业长青。

——浙江申美建设有限公司董事长　刘兵

2017 年年底，我学习了周祺林教授的商业模式课程后，对产品和商业模式进行了重新设计，用互联网 + 会员制 + 积分商城的模式，迅速让公司值钱了。目前，一家上市公司将我的公司估值为 4400 亿元，并持有 5% 的股份；还有很多公司与我约谈入股事宜。按照我原有的做硬件的思维，这简直是难以想象的，周老师的课程可以说让我受益匪浅！

——浙江铂示顿智能科技有限公司上海公司总经理　陈忠宇

周祺林老师讲的商业模式改变了我的传统思维模式，让我领悟到环境治理中只有用新方法、新做法才能打破常规。周老师讲的很多商业模式为企业组织的构建提供了方法、规划了方向，犹如一盏明灯，让我和团队有了更大的动能！

——武汉一念元环境工程有限公司总经理　冯巍

通过学习周祺林教授的商业模式课程，我懂得了如何系统化地制定运营模式，对企业价值也有了更深的了解。资源整合、大营销时代的利润转变让我从传统的单一差价利润到更多利润的开发有了更广阔的思路。

——长沙本草纲目医药公司总经理　彭刚强

好的商业模式就是一个动人的故事，所有的利益相关者都能从中找到自己的角色，即从中获取自己的利益。感谢周祺林教授！

——武汉佰昌网络科技有限公司总经理　王福刚

经历了周祺林老师课程的洗礼，我深刻认识到传统销售模式已过时，明白了不破不立的道理。如何突破传统思维、转变传统经营模式、让企业斩获新生，是值得我们深思的问题。

——湖北仙姑菊花酒业有限公司总经理　陈兴潮

企业价值会在时间、空间、感知 3 个范畴里存在和变化，商业模式设计的目标是打造具有高价值的企业，要设计好企业在这 3 个方面的具体价值。

——武汉谦和典当有限公司经理　冯美刚

在资源整合时代，跨界竞争是最彻底的竞争。商业模式要突破现有的最具竞争力的要素，回归市场、放开视角、大胆想象，站在客户的立场上思考客户最大的需求，结合企业自身情况，扬长避短，体现出企业独特的价值。

——上海能运物流有限公司总经理　杨瑛

通过周祺林老师教给我们的商业模式设计工具，我们成功找到了新的利润增长点，当年业绩翻了两倍。在竞争如此激烈的形势下，就像老师说的，谁拥有好的商业模式，谁就赢得了制高点。

——东莞市美欧家居饰品有限公司董事长　田发明

我在模具行业经营了20多年，随着竞争加剧，现在生意越来越难做了。周祺林老师“羊毛出在牛身上”的理念打开了我的思维格局，他讲解的跳出行业做行业，让我收获很大。如今，我们构建的全新商业模式已在跨区域实施落地。

——东莞市晟起精密模具配件有限公司总经理　胡新春

我是做传统包装材料企业的，一直靠差价赚钱，不敢上新设备，很迷茫。周老师对于如何构建持续盈利的商业模式的讲授让我受益匪浅，正如老师所说，我们需要将一生一次的生意变成一生一世的生意，重构商业模式正当时。

——东莞市铭业包装制品有限公司董事长　肖琼

企业依靠单一产业难以生存，而整合资源完成向多元化产业的转变是对企业领导者的绝对考验。通过学习周祺林老师的课程，我对企业转型升级的步骤与方法有了清晰的思路。

——深圳前海中迎广告有限公司总经理　陈代兴

我很认同企业家首先要成为自己企业的设计师这一说法，“设计”也可以实现多元化，不要局限于形式，不要局限于思维。我的公司是一家科技型创业公司，净水是健康的保障，卖设备的时代过去了，靠模式赚钱的时代已经到来。经过周祺林老师的指导，我们也可以创造独特的商业模式！

——东莞市净康环保科技有限公司总经理　孙银焕

实现企业价值最大化是企业的主观追求，而能否持续盈利是企业是否实现价值最大化的直接反映。尽管在文体行业摸爬滚打数年，但面对企业发展瓶颈，我依然有些束手无策。周祺林教授讲授的寻找新的突破口、实现思想上的新开放、找到与同行不同的地方，让我豁然开朗。

——江西阳升文体发展有限公司董事长　陈小生

我的公司是一家集设计、研发、生产、销售和服务为一体的电源制造企业，在“互联网 +”浪潮中，我深切地感受到以往的经验和行业的固有规则已经不再是我们的财富。通过学习周祺林教授的商业模式课程，我了解了重新定义自己的价值曲线是商业模式设计的重要内容，并将供应商转化为公司合伙人，这让我取得了意想不到的成果。因此，要想创造独特的商业模式，必须打破思维惯性，用全新的心态拥抱变化。因为，商业模式设计的第一步就是让自己“归零”。

——深圳市金宝通科技有限公司总经理　王景丽

从事模具钢行业多年，和许多传统行业企业的负责人一样，我更注重产品、技术、规模、成本等方面，而忽视了商业模式的确立和与时俱进。正如周老师所说，企业模式是基因和种子，模式的质量决定着企业的发展及未来，我们不应一味地满足用户的显性需求，也应该发现并创造未显现出来的隐性需求，形成差异化的优势。

——深圳市豪源模具钢有限公司董事长　刘文君

当大家明白了什么是好企业的标准，明白了自己所处领域的未来空间，才能够“以终为始”做好企业的顶层设计。我通过对周老师课程的学习，把对商业模式的“碎片化”认知变为“系统化”认知，并且掌握了有效的商业模式设计的工具和关键方法。事实证明，好的企业和项目都是设计出来的！

——天恩灵动（深圳）文化发展有限公司创始人　韩天玲

从事可再生资源行业让我认识到思维创新的重要性。周祺林教授关于商业模式的讲解让我受益良多。我们在设定商业模式时，一定要把握好行业所处的环境，仔细分析自身的优劣势，打开思路，建立别人难以复制的模式。

——佛山市深安达再生资源有限公司总经理　徐子滨

商业模式是企业的武器，在多年从事培训行业的实践中，我和周老师结下了友谊，并产生了共同孵化优质项目的愿景。我们推出了“梦想传奇团队”，帮助很多传统企业转型升级，创造了很多奇迹。我想表达的是，只有内心强大、利他、共赢的企业家才能赢得未来，因为企业家永远在路上。

——深圳策对人力资源管理有限公司董事长　张远坤

我是一位年轻的创业者，热爱学习，喜欢结交朋友，有山东人的豪爽与侠义，在多年从事人力资源外包服务中，我深深了解了制造业，尤其是大型制造业、港口码头的运营及用工难处。为此，我报了很多总裁学习班，有幸结识了周祺林教授，他帮助我重新梳理了企业运营思路。周祺林教授站在行业角度帮助很多用人单位走出了招人难、用人苦的困境，用平台思维与很多单位建立了长期稳定的合作关系。

——北京城智人力资源管理有限公司董事长　张伦

序

创新的力量

创新是当下被讲得最多的话题之一，创新被誉为一个国家进步的灵魂。不创新就要落后，创新慢了也要落后。我们需要激发调动全社会的创新激情，持续发力，加快形成以创新为主要引领和支撑的经济体系和发展模式。创新是引领发展的第一动力，旧的、简单粗放的发展路子已难以为继了。

谈到企业创新就会想到技术创新、组织创新，我多年来致力于一件事，就是专注于商业模式的创新。在多年的教学及对企业家的咨询服务中，我发现有些企业家有创新的意识，也有很多创新的想法，可就是犹豫，不行动。归根结底，还是思想的固有症结没有打开，总是在路径依赖与机会选择中被动等待，容易陷入“昨天的经验今天的玩法、偶然的成功必然的结果”的境地。例如：企业家有项目想找资金，我告诉他可以股权融资，可他只想要钱，并不重视股权融资背后的逻辑关系。没有好的商业模式，企业市值就无法衡量了，市值不高就很难融资，这就是很多企业家为什么融不到资的原因，即他们只着眼于融资的结果，而忽视了融资的根本，正所谓没有因何来果？这个因就是融资之法，于是我根据多年的研究与实践，在上一本书《向模式要利润》的基础上，于本书中增添了更多的方法。《向模式要利润》主要是讲商业模式的认知层面，旨在改变创业者及企业家的观念与思维模式，这一本书重在讲方法，而且是经过验证的方法，我把这些方法提炼总结，分享给大家，希望对大家有所启迪和帮助。

商业模式属于企业顶层设计范畴，当今商业模式理论流派众多，很多是外来品，构建符合中国企业特色的独特商业模式才是我们追求的目标，而独特意味着与众不同的交易结构。本书从企业基因谈起，让大家跳出传统的思考产品、技术、渠道的惯性思维，了解企业的幸福基因，而不是以复制别人为出路。第二章、第三章介绍从 0 到 1 的颠覆性创新的思考，重点强调了每位企业家不仅是董事长、总经理，更应该是企业的设计师，创造伟大的企业首先要懂设计。在“互联网 +”时代更要让企业破茧成蝶、实现新生。第四章、第五章、第六章顺应时势，倡导新时代新工匠精神。第七章、第八章、第九章则从跨界角度介绍了很多新方法，解读了商业模式设计的核心——交易结构，解密了如何把市值推向新高度。最后一章布局未来，开启新征程，描绘了商业模式带来的美好前景。方法永无穷尽、法无定法，我想通过此书抛砖引玉，引发大家对商业模式创新的探索。

创新的力量无穷，创新永无止境，创业永远在路上，我致力于培育 1000 家拥有领先商业模式的企业，打造一批产业龙头集群。在此，感谢我的同事及咨询团队的张楷昂、贺诗芬、王怡、朱艳芬等对本书顺利出版给予的帮助。感谢出版社及各位编辑的大力支持，让我们为中国经济腾飞、产业梦的实现贡献自己的力量！

目 录

附录

第 1 章
商业模式，企业的“幸福”基因

你是烟花型企业还是独角兽型企业

每次讲课时，很多中小企业家会向我咨询："老师，如何才能让企业发展得又快又大？"

我说："你要先确定，你的企业是哪种类型的企业。是烟花型企业、是蚂蚁型企业还是大象型、独角兽型企业？"

我这里提到的烟花型企业，是指企业以机会为导向，盲目跟风，昙花一现。例如："大众创业，万众创新"曾经催生了一大批创业企业，但成活率很低，来得快，去得也快。

在机遇到处涌现的互联网时代，许多新型企业开始迅速崭露头角。但随着环境的改变和竞争的加剧，很多企业在短暂的辉煌过后，逐渐暗淡甚至在人们的视野中消失。就连破产的宝丽来、被破产保护的柯达等大牌企业，都没有逃过"烟花企业"的命运：曾经绚烂，却没能持续成功。

品途商业评论统计，2016 年中国共享经济市场规模接近 4 万亿元，项目从单车、充电宝、手机，到睡眠舱、汽车、雨伞、服装、马扎等，可谓五花八门、层出不穷。

然而，这些如雨后春笋般涌现的新型项目，在短短一年后，就像约好了一样纷纷倒下。截至 2017 年 12 月底，共有 19 家投身共享经济的企业宣告倒闭或终止服务。其中包括 7 家共享单车企业、2 家共享汽车企业、7 家共享充电宝企业、1 家共享租衣企业、1 家共享雨伞企业和 1 家共享睡眠仓企业。

在此次倒闭大潮中，移动直播也没能幸免。从 2016 年起，移动直播可谓百花齐放，花开满园，但到了 2017 年，又迅速凋零，就连被估值 5 亿元的光圈直播也在 2017 年 2 月 17 日倒闭了。

除此以外，教育领域也出现了昙花一现的烟花型企业，昔日风光无限的明星项目——钢琴培训机构“星空琴行”，在完成四轮融资后于一夜间关闭了全国近 60 家营业门店；月入 1.4 亿元的留学品牌“小马过河”，更是到了变卖资产、破产清算的地步。而“出生”于 1999 年、坚持了 18 年的搜狐社区，也于 2017 年 4 月 20 日正式关停。网易一元夺宝项目因模式争议，于 2017 年“315”前夕破产……

从表面看，烟花型企业倒下的原因是外部环境发生变化，但真实原因是企业高管浮躁的“赚快钱”的错误理念。例如：柯达、诺基亚、UT 斯达康的困境在于战略僵化，企业无法应对外在环境变化；另外，上面说到的那些“共享”项目，有的只是一个人的创业点子，企业在没有一个成熟的营销模式时，就开始融资。这种先投钱再盈利的模式本身没有问题，有问题的是，企业高管肆意挥霍“天上”掉下来的这笔巨资。

此外，烟花型企业曾经有过某种组织能力的优势，但发展到某一阶段时，企业必须面对和克服因组织规模和复杂度带来的瓶颈和挑战，如文化稀释、人才断层、管控失衡、人才激励等，若不能有效突破这些瓶颈，企业内部的效率和战斗力必然受到影响。

烟花型企业让人扼腕，但有的企业能逆流而上，拥抱变化和挑战，不断突破企业在经营理念、战略方向和组织能力方面的瓶颈，赢得持续成功，它们是如何做到的？主要有以下 3 个要点，如图 1-1 所示。

图 1-1　赢得持续成功的 3 个要点

1. 企业家正确的经营理念

企业家要想拥有正确的经营理念，就必须具有长远的眼光，不能只图眼前赚快钱，而是要解决长久赚钱的问题。持久成功的企业证明了一个道理：快即是慢，慢即是快。

例如：马云在谈到经营阿里巴巴时提到三大要素。一是阿里巴巴的核心竞争力不是技术而是企业文化，他说："我不了解技术，不会编写代码，我能做的技术含量最高的工作是收发电子邮件。"二是把股东的重要性排在末位，最重要的是客户，其次是员工。三是"小即是美"，他认为，中国的未来在于大量的小企业。中国最需要的是能提供大量工作岗位的小企业，而非像阿里巴巴这样的大企业。

除此以外，企业家需要突破的另一个经营理念是从我赢到多赢。经营理念的突破需要智慧和胸怀，归根结底需要的是一种共赢、分享的精神。

2. 制定企业的战略方向

企业正确的战略方向决定着企业的未来发展。例如：阿里巴巴从创办至今，一直都在不断改变，根据外部环境的变化不断调整战略，重新寻找获利的成长空间，而这主要从客户端（卖给更多的客户、卖给更好的客户）、地区端（走出去、扎下去）和业务端（相关多元化和非相关多元化）取得突破。

3. 打造强有力的团队和组织

面对不断变化的经营环境，企业必须突破过去的管理模式，打造与新战略相匹配的组织能力，打造强有力的团队和组织，只有这样，企业才能锻造新的核心竞争力。

企业要有这个能力，必须依靠强有力的团队和组织。阿里巴巴能够多年不断发展、赚钱，是因为阿里巴巴有一支强有力的团队。

《组织能力的突破》一书中指出：“企业必须有三个支柱的支撑，即员工能力，也就是公司全体员工必须具备实施企业战略、打造所需组织能力的知识、技能和素质；员工思维模式，即员工每天在工作中关心、追求和重视的事情必须与公司所要建立的组织能力匹配；还有员工治理方式，公司必须提供有效的管理支持和资源才能允许这些人才充分施展所长，强化组织能力。”

蚂蚁型企业是指一些增长缓慢、长不大的企业。一般来说，年增长率小于30% 的企业就算是蚂蚁型企业。在互联网时代，企业业绩呈指数级增长，市场加剧分化。以互联网行业为例，行业第一名的企业占据 70% 的市场份额，第二名占据 20% 的市场份额，第三名及以下的企业合计仅占据 10% 的市场份额。同质化竞争严重，行业洗牌，在这样的环境中，蚂蚁型企业无法逃脱被并购、大鱼吃小鱼的威胁。

2017 年 9 月 22 日，前程无忧对外宣布已经与拉勾网签署协议，准备向拉勾网投资 1.2 亿美元，以获得拉勾网 60% 的股权，成为其第一大股东。

拉勾网于 2013 年 7 月 20 日上线，其颠覆了传统招聘网站以企业方为服务对象的运营模式，转而将求职者作为核心的服务对象。

虽然招聘行业被人们广为关注，但实际上是一个很小的行业。艾瑞咨询的统计显示，2015 年整个网络招聘市场规模大概在 50 亿元。另外，智联招聘公布的财报数据显示，其整个 2014 财年实现营收 10.8 亿元，前程无忧的收入则接近 20 亿元，两家占据了整个行业的大头。

可以说，在招聘行业中，国内几家大公司和国外巨头都在分食市场，即使拉勾网能力强，但毕竟太小，抢到互联网行业跳槽人数的 20%，就算不错了。

一家知名招聘平台的内部人士提到拉勾网时，说道："拉勾网是新的，但模式并不新。它依然是传统的公告板模式，利用信息流变现，但目前招聘信息的更新需求越来越快、成本越来越高，而拉勾网一直没有探索出高效的盈利模式，很容易触碰天花板。"

类似于拉勾网这样的互联网技术企业，就是蚂蚁型企业，赚点快钱可以，但是很难长久，蚂蚁型企业未来大多会被行业巨头企业用新的技术手段取代。

2017 年 6 月 13 日，悟空单车的运营方重庆战国科技有限公司在其官方微博宣布，由于公司战略发生调整，自 2017 年 6 月起，将正式终止对悟空单车提供支持服务，退出共享单车市场。

2017 年 1 月 7 日，悟空单车正式对外运营，并计划于半年内在 10 座城市投放 30 万辆单车；于一年内预计投放 300 万辆单车，入驻城市达 100 座。却没想到，提前到来的失败终止了悟空单车的宏伟商业计划。

悟空单车的 90 后创始人雷厚义表示，在 ofo、摩拜等企业已经占据大部分市场份额时，悟空单车难以形成规模，在持续耗费个人资金且账上余额所剩不多的情况下，只能停止运营。

悟空单车失败的原因除了不能顺应市场的潮流外，更多是因为它的体量和规模太小，小到连被收购的价值都没有。

实际上，相对于大企业而言，中小企业在市场竞争中虽然灵活有余，但实力欠缺。市场是拼实力的地方，大鱼吃小鱼、小鱼吃虾米是不变的法则，在此法则下，中小企业要想生存下来，必须持续发展。

每次我给企业家学员讲到这里时，他们都会迫不及待地问：“老师，那我们这种小企业就没有出路了吗？”

我笑着说：“当然有了，这需要看你的企业有没有‘幸福’基因。”

我这里提到的企业的“幸福”基因，其实就是指企业的商业模式。

实际上，无论是烟花型企业还是蚂蚁型企业，之所以走不远、长不大，最根本的原因是企业基因的问题，即商业模式未经过创新设计。没有好的商业模式，你的企业在市场上难以经受市场风浪的洗礼，最终成为市场大海中的泡沫。所以，中小企业要想在市场竞争中获胜，必须拥有与众不同的商业模式。

某集团原本是金属加工行业濒临倒闭的乡镇作坊企业，在其领导者的带领下用短短 10 年的时间，不但走出了困境，而且成为业内知名的上市公司。其中独特的商业模式是该集团成功的重要法宝之一。其独特商业模式的选择过程值得各蚂蚁型企业借鉴。

原来，该企业领导人上任之初首先从市场出发，开始了该企业的变身。但因为他是技术出身，不懂市场，于是他亲自蹬着三轮车，载着产品，带队去市场摆地摊，摸行情。

深入基层后，他结识了一批经销商，掌握了市场信息，更为重要的是，他一方面摸清了市场需求，另一方面找到了产品销售的途径与方向。如此一来，经销商就成了该企业的“贵人”。如何找到更多更优质的经销商，如何让他们更愿意销售本企业的商品成为该企业要解决的第一个问题。

就这样，该企业领导人通过建渠道、带队伍、抓管理、稳采购等手段稳住了企业经营，让企业起死回生。然而他清楚，企业产品在市场上属于“大路货”，并没有太多的竞争力，当前扭亏只是保温饱，要想让企业在市场上立足，必须让产品和企业具有独特的竞争力。

不久，该领导人通过研究和摸索发现，南方民营轻工业品制造市场是一个增长非常快的市场，而这些企业所需的材料不是国有大企业现有的大路货品种，而是非标产品。于是他定位南方市场，凭借自己在技术方面的特长，打破现有产品标准，做非标产品，创造新产品标准。又通过改进加工工艺，走短流程，大幅降低产品制造成本，使企业产品成为市场上性价比最高的品种，拉开了与竞争者的距离。由于其实施了有效的商业模式，把企业带入了增长的快车道，几年后，这家蚂蚁型的作坊企业华丽转身发展成为今天的大型集团。

我们分析后可以发现，深耕市场、因地制宜、打破常规是其选择商业模式成功的关键。

互联网的存在，会让原来很多不合理的商业逻辑有可能变得合理，网络经济颠覆了过往的很多商业规则，商业模式创新会变得更为频繁，但商业创新成功的法则仍可以沿用。纵观淘宝、腾讯等当代企业的成功，它们之所以能够在市场上立足，是因为企业家拥有正确的经营理念、清晰的战略方向和强有力的团队。正是这些因素，使他们看到了企业不断发扬光大的竞争基因。

测试：你的企业基因

我经常和企业家讲，企业的基因，决定着企业是否具有长期赚钱的能力以及能否快速发展。那么，什么是企业基因呢？

我们可以把企业比喻成一个家庭：男女组建家庭的目的之一是传宗接代，企业家创建企业的目的则是为了追逐利润，企业有其自身生存和发展的逻辑（利润）。在外部，企业有食物链一样的上下级关系，并且存在于一个大的经济生态圈内；在内部，企业有生命体一样的内部分工系统，不同的部门（器官）互相支持，每个员工都扮演不同的角色。企业也是有血（钱）有肉的（人），需要吃（物质）、穿（品牌），以及呼吸（信息）的类生命体。

企业作为一个“生命体”，创办期间需要一个艰难“孕育”的过程和很多筹备工作，企业由于早产、难产而夭折的还不少。

从企业的孕育过程来看，企业的基因是由创意和投资方决定的。传统企业家集创意和投资于一身，互联网企业则是企业家和风投的联合产物。

一般来说，传统的家族企业是由创始人的点子和亲友筹钱做起来的，这样一来，企业的基因拥有浓厚的创始人和家族气息。合伙制的企业基因会复杂一些，强势的一方是企业的显性基因，弱势的一方是企业的隐性基因。现代互联网企业则是企业家和风投的联合产物。企业的基因不单单体现创始人的意志，还受到投资方的重大影响。例如：当新浪的王志东被迫离开新浪后，不但京东的刘强东股份被稀释，就连阿里巴巴的马云也在支付宝问题上进退两难。从这一点上来看，企业的基因主要体现在企业的核心业务模式和企业文化方面。

由上例我们得出，利润是企业的生命线，而核心业务模式就是生产和控制利润的蓝图。以百度、谷歌为例，其核心业务模式就是流量创造广告；沃尔玛、国美等零售企业则是借助规模化的连锁效应来降低成本、创造利润；富士康等代工厂是依赖大量订单和低劳工成本而生存的。

就像人一样，企业作为一种组织形态，也有生命周期与成长、进化规律，不同的企业为什么做同一个行业或同样的产品，有的赚钱有的亏损？不同基因导致的结果完全不同，企业核心基因主要由 4 个方面决定。

企业家要想知道自己企业的“幸福”基因，可以从以下 4 个方面进行测试，如图 1-2 所示。

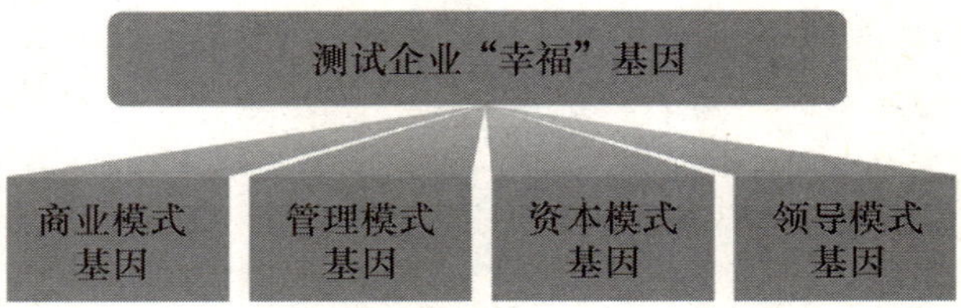

图 1-2　测试企业“幸福”基因的 4 个方面

1. 商业模式基因

企业的商业模式是企业的核心业务模式，它决定了企业内部资源的流向及与外部的交换机制。企业的大部分活动是围绕企业的核心业务模式运转的，而企业的核心业务模式是依托企业基因创造的。例如：百度、谷歌的流量创造广告的业务模式；Facebook 的校园风格等。

2. 管理模式基因

企业管理模式的基因，在很大程度上决定着企业未来的发展战略决策，不同的地域、不同的文化衍生出不同的企业管理模式，与时俱进的思想才能孕育出最强的企业管理模式。

3. 资本模式基因

资本运营是以实现利润最大化和资本增值为目的的，通过不同企业的资本交流与重组，资本不断增值的一种经营方式。企业的资本模式基因，通常取决于企业家的决策和企业文化。

4. 领导模式基因

所谓领导模式，是由企业领导的心胸和格局组成的。一家优秀的企业背后，必定有一个格局大的领导者，他能着眼于未来，在大环境中定义自己的事业。所以，企业领导者的格局有多大，事业就有多大；领导者拥有怎样的格局，就拥有怎样的领导模式，他的企业就会取得怎样的成功！

分析：发现你企业的优势基因

经常有企业家在听过我的课后，向我介绍他的企业如何好，然后请教我："老师，您说我的企业在多长时间内能做强做大？"

对于这个问题，我通常不会直接回答他们，而是问他们："那得先看看你的企业有没有优势基因。"

什么是企业的优势基因？

答案就是，你的企业的商业模式有没有独特的基因，我称之为禀赋能力基因。

好的商业模式，都是具有独特禀赋的商业模式！正如前时代华纳的首席执行官迈克尔·邓恩说的："相对于商业模式而言，高技术反倒是次要的。在经营企业的过程当中，商业模式比高技术更重要，因为前者是企业能够立足的先决条件。"

我多次反复强调一点："领先的商业模式是自己能够复制自己，别人很难复制。"

为什么这么说呢？

在自然界中，鸡和鹰都会飞。

有一次，鹰在高空飞翔后落在低矮的烘谷房上歇息，接着向另一个烘谷房飞去。一只母鸡看到后大发感慨："鹰凭什么备受尊重？如果我愿意，也能在烘谷房之间飞来飞去，以后我们别当傻瓜，认为老鹰有着比我们显贵的门第，它们和鸡飞得一样低。"

在一旁的鸽子听后，说道："鹰有时确实没有鸡飞得高，但鸡永远也飞不上云端！"

上例中鹰的基因就是属于它的优势基因，其他动物无法复制。鹰有时可能飞得比鸡还低，但鸡永远不可能飞得比鹰高，这是基因造就的。同样的道理，也适用于企业的商业模式，那些通过商业模式实现创新的企业，就像能够在天空翱翔的鹰一样，由于具备了与众不同的竞争 DNA，才轻而易举地改变了行业和市场中原本不可动摇的游戏规则，并对其所处的价值链进行颠覆重构，实现了企业发展过程中的成功跳跃。

现代企业之间的竞争，不再是生产、产品、渠道、营销等某个环节的单一竞争，而是由这些活动所构成的综合价值链之间的竞争。这种竞争是系统的竞争，是决定未来的竞争，并体现为不同的专属竞争基因。这也意味着，有了自己的竞争基因，你才有可能成功；而找不到竞争基因，企业的未来将会黯然无光。

在常人眼中，海澜之家和普通服装连锁店并没有什么不同，让人印象深刻的就是电视上阳光帅气的印小天，还有"男人一年逛两次海澜之家"的宣传口号。但企业家应该看到，江阴海澜之家服饰有限公司从 2002 年 9 月诞生之日开始，就不仅承载了服装品牌，更代表了一种独特的商业模式和一种崭新的竞争基因。

下面是海澜之家竞争基因的独特性，如图 1-3 所示。

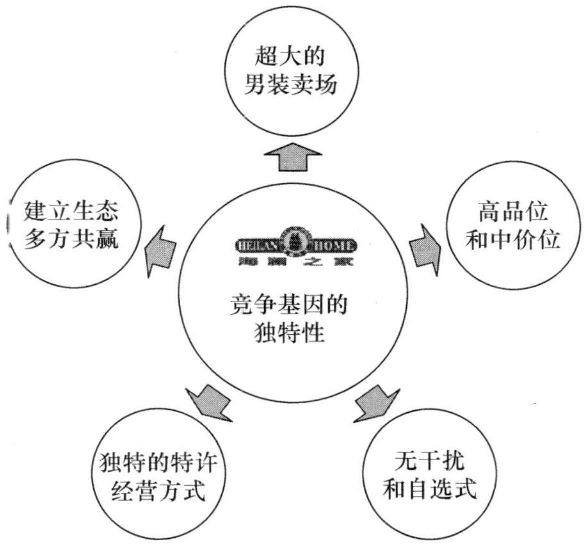

图 1-3　海澜之家竞争基因的 5 个独特性

1. 超大的男装卖场

在海澜之家出现之前，国内从未有企业做过 200 ～ 1000 平方米的成年男性服装卖场。而海澜之家的卖场包括了 18 ～ 100 岁的男性的所有服饰，你能够想象到的服饰在他们超大的卖场中几乎都能找到。

2. 高品位和中价位

海澜之家拥有自身完整的产业链：从羊毛这种最原始的材料到能够放到衣架上销售的成品。这种产业链保证企业能对整个流程包括从牧场到商场进行自主控制，并且在每个生产环节都能充分利用企业的自身资源，而没有其他中间商介入，在有效控制产品成本并确保产品品质的前提下，以中价位吸引消费者。例如：在海澜之家，每套西服的价格只在数百元到两千元之间，比起同档次的竞争对手，其性价比要高很多。

3. 无干扰和自选式

男性消费者的传统消费理念是目标式而非随机式消费，直白点说，就算是我去商场买衣服，也不喜欢旁边总有陌生的服务员在不停地介绍，更不用说其他对商业模式没有研究的普通消费者了。而海澜之家正是抓住男性顾客这样的心理，按照产品、型号、规格分类陈列，顾客可以按照自己的身高、体型自助选衣。货架、试衣间都安装了按铃，如果需要服务，顾客可以直接按铃呼叫服务人员。

4. 独特的特许经营方式

海澜之家学习了麦当劳的特许经营方式，加盟商投资 200 万元即可启动门店。但之后加盟商不参与门店的具体管理，产品投放、门店经营甚至是门店的选址，都是由海澜集团进行标准化管理，加盟商只负责注册、保税等。因此，海澜集团对门店的掌控权是绝对的。而加盟商会每天收到门店经理的短信，并获得 30% 的销售金额作为投资回报。

5. 建立生态多方共赢

对于企业价值链上的 50 多家供应商，海澜之家凭借其规模优势，获得了先拿货后结款的合作方式。供应商获得的权利则是通过网络系统，随时掌握产品的销售动态，并对产品进行调动。此外，供应商必须承诺无条件退货。这样，海澜之家就将库存等风险转嫁到了上游的供应商身上。

经过十余年的发展，2014 年，海澜之家顺利借壳上市。目前，其公司市值超过了 400 亿元，成为 A 股服装企业中的龙头。

如果从竞争基因的角度分析，海澜之家的商业模式是难以复制的。因为其自创的模式解决了服饰企业一直面临的种种问题：怎样提供高性价比的产品；怎样利用社会资金；怎样重构属于企业自身的价值链条；怎样将渠道扁平化和品牌系列化，等等。

这些都是其他服饰企业一直在追求却无法掌控的优势，而海澜之家最早看到了这些优势的重要性，然后提前针对这些优势打造了其竞争基因，适应了整个产业和市场环境发展变化的要求。

竞争基因不是企业成立时就与生俱来的，而是企业以其自身资源和能力组合为基础，为用户提供更具优势的产品和服务，更好地创造用户所需要的价值。

企业家想要拥有这样的独特基因，就必须在商业模式的建立过程中做好以下工作：**观察竞争对手没有注意的；思考对手没有发现的；领悟对手没有察觉的；学习对手没有掌握的。**

如何获得这种人无我有的优势？靠单纯的模仿是很难做到的。

我们不妨梳理一下一些不断获得强大竞争基因的企业。

> 20 世纪 50 年代，麦当劳创立了连锁经营商业模式，丰田汽车创立了 JIT（准时制生产方式）商业模式；20 世纪 60 年代，沃尔玛创立了平价超市、混合大卖场的商业模式；20 世纪 70 年代，联邦快递成为新的竞争基因的拥有者；而 20 世纪 80 年代，英特尔、戴尔等企业用不同的商业模式获得了与众不同的竞争元素；到 20 世纪 90 年代，西南航空、易趣、亚马逊、星巴克咖啡等企业独树一帜；21 世纪，越来越多的优秀竞争基因和互联网发生了联系……

也就是说，只有企业选择了一种具备足够优势的商业模式，才能把握市场的动态，并将自己的优势做到动态持续。可以说，优秀的商业模式就是持续的竞争基因！

当我们对商业模式历史进行总结时，可以看到，真正的企业竞争基因，意味着能拥有独特的盈利竞争位置，而这些位置是其他企业所忽略的——正是与众不同的商业模式，才能促进这些优秀的企业获得核心竞争力。

虽然从表面上看起来，核心能力的形成和产品价格或者功能有关，而实际上，只有独特的商业模式才能让企业更快获得高价值、高销量的基因优势。无论这些商业模式是缘于企业领导层的事前决策，还是危机处理的经验，又或是来自组织的变革，最终都得益于企业对资源的整合。

但是，许多企业并没有真正搞清楚怎样获得自己独有的竞争基因——或者觉得建立新的商业模式距离自己很远，或者单纯地复制那些成功者的做法。但实际上，这样的选择并不能让更多的中小企业获得适合自己的竞争基因，由于缺少应有的模式，它们最终既成为不了大象，又无法成为蚂蚁。

回到自然界的启示中，从表面上来看，鸡蛋和鹰蛋的外形似乎差不多，但前者最后变成了家禽，后者成了凶悍的捕食者。这并非后天努力的不同，而在于其最初模式基因的差别。

同样，一家企业在成立之初就应该努力培育优质基因，用高起点打造最富有活力的模式，并形成企业最具竞争力和创新性的未来优势，而不能寄希望于在未来进行弥补和改变。所以，我经常对企业家强调：用商业模式抢占竞争制高点，顶尖商业模式是企业的幸福基因，是企业的核武器！

方法 1：内外兼修，培育核心能力

有一次，一位企业家在课后担心地问我：“老师，企业的基因能改变吗？”

对于这个问题，很多企业家学员问过我。其实，企业的基因一旦形成就很难改变。不过，什么事情都有解决的方法。由于企业的基因是有弹性的，其业务模式和企业文化在特定的情况下能发生很大的改变。这就好比一个人的内向和外向性格是受到基因影响的，但是也会受到其外部环境的影响而发生改变乃至逆转。不过，这种情况发生的概率相对较低，不会完全脱离其原有的业务逻辑，而且往往需要借助强有力的外部力量。

IBM 以 IT 硬件生产为主转为 IT 服务巨头，HTC 由原来的手机代工变成自主品牌，都说明基因突变是一种普遍的自然现象，但是绝大部分基因突变只会改变企业的某个部门或者业务。改变其核心业务模式和企业文化的颠覆性基因突变极其罕见。企业内部的人事变化和外部的市场变化都非常普遍，这些变化有时会完全改变企业某个部门的风格或业务的逻辑，但是通常不会影响公司的核心业务模式和企业文化，如公司的一个新的业务单元、某个部门的负责人变动等。

颠覆性的基因突变极其罕见，但不是没有。例如：新浪微博之于新浪，诺基亚最初是一个木浆工厂。企业兼并重组往往伴随企业基因重组，成功非常难。再如，雅虎中国收购 3721，新闻集团收购 Myspace，最后完全失败了。而两家大型公司的合并更复杂，不但涉及业务整合，还要受到文化磨合的挑战。例如：AOL 合并时代华纳，AMD 收购 Nvidia，联想收购 Thinkpad，吉利收购沃尔沃等。

综上所述，企业要想拥有“幸福”基因，只要功夫到了，还是能够成功的。

在电影《一代宗师》中有这么一句话：“功夫，两个字，一横一竖。错了，就躺下，站着回来的才是对的。”

没错，功夫就是这么简单，其过程可能让人难以理解，其结果却能高下立判。所以，我认为修炼企业“幸福”基因的第一个方法，就是内外兼修。

我曾经对企业家有感而发：**“想构建持续盈利的好的商业模式，必须将一生一次的生意变成一生一世的生意。而想要做一生一世的生意，你就要有一生一世随身而走的功夫！”**

很多企业家发出感慨：“我的企业不比成功者起步迟，不比成功者付出少，为什么企业成长慢而且盈利那么难？”事实上，不是你和你的员工不努力、不聪明，而是你没有获得支持优秀商业模式的功夫。这样怎么可能会有良好的商业模式？

功夫是大侠行走江湖的条件，而企业要想利用商业模式持续盈利，就必须知道其背后需要什么样的条件。这就好比要烧开一壶水，就必须知道多大压力、多大水量、多大热量、多长时间等全部变量和参数，只有了解这些，才能喝到热水。同样，企业家要想烧开企业利润的水，就要找准自身商业模式的发力点。

这种提法曾经让一些企业家不解，甚至有人觉得，良好的商业模式本身就是一种力量，为何还需要发力点呢？

对此，我是这样解释的：在达成持续盈利的目标前，绝大多数企业不可能轻松获取所有资源，但商业模式的用处，不在于获取资源，而是建立配置手头资源的模型。当模型搭建起来之后，还需要有人操盘与执行，才能让模型发挥作用。

谈论短跑，就会想到刘翔；谈论篮球，就会想到姚明；谈论钢琴，就会想到郎朗；谈论网球，就会想到李娜，为什么这些人会有超人的成就？因为他们有天生的禀赋能力基因，现在经常谈企业转型，实际上**转型就是转基因，而不是转行**，不是完全离开老行业与项目，去做自己完全陌生和不熟悉的行业，这是我要特别提醒的！

我们把商业模式看成足球比赛中不同的阵形和战术：

有的队伍用的是菱形中场，有的队伍则习惯于两翼齐飞，还有的队伍擅长用防守反击一击制胜。但是，阵形和战术本身不会产生如此立竿见影的效果，因为还需要好的球员、好的训练乃至好的教练组、好的理疗师、好的营养师、好的心理咨询师共同执行。这就是一支球队贯彻其阵形战术的“内功”。而能否针对对手相应运用、适应不同的比赛环境等，则是一支球队使用其阵形和战术的“外功”。只有当内外功齐备的时候，你所拥有的阵形、战术才能超越对手，并趋于炉火纯青的境界。

同样，如果我们对企业利用商业模式持续盈利的条件进行分类，也可以将之分成两种：“外功”和“内功”。其中，前者意味着企业家应如何对外提供价值，后者则代表企业家应如何对内进行改变。如果没有充分的功夫基础作为底蕴，单纯地认为依靠一种与众不同的模式就能行走江湖而无往不胜，恐怕太过乐观了。这样的盲目乐观会带来惨痛的失败，如图 1-4 所示。

图 1-4　企业取得成功的秘密

在构建商业模式时，企业应该注意内功和外功的结合，包括向用户提供核心资源和产品价值。

华为是《财富》世界 500 强企业中唯一一家没有上市的公司，在任正非的引领下，用了 30 多年的时间，创造了全球企业几乎未曾有过的辉煌历史。

华为在创办初期，融资困难，为了吸引人才，任正非稀释了自己的大量股份，让华为全员持股，使华为上下一心，蓬勃向上，执行力特别强。

目前，华为的产品和解决方案用于全球 100 多个国家，服务全球运营商 50 强中的 45 家及全球 1/3 的人口，国际市场正成为华为销售收入的主要来源。

华为能够持续创造辉煌，源于它针对不同背景、不同发展阶段的市场，采用了两种商业模式，如图 1-5 所示。

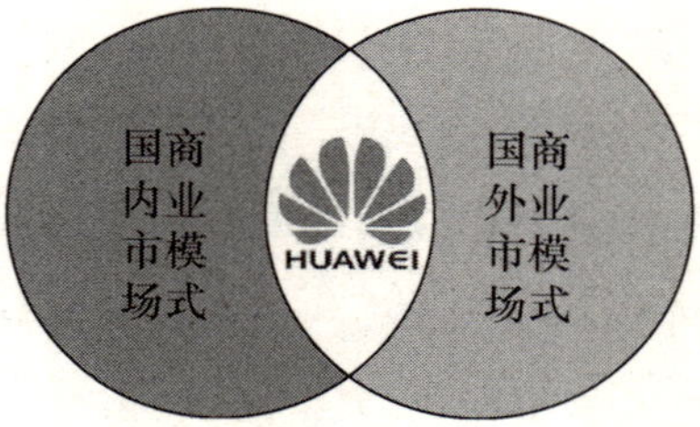

图 1-5　华为的两种商业模式

1. 国内市场商业模式

在 20 世纪 90 年代初，华为刚进入国内电信市场时，并没有优势，于是与电信职工集资成立合资企业，并承诺高额回报，形成利益共同体，迅速抢占及巩固市场。随着环境的急剧变化，华为的高层管理者对外部环境变化做出准确而迅速的反应，在 2000 年中国电信一分为七时，华为立即决定成立 7 个运营商系统管理部，每个省都相应地设置分支机构，建立独立的 KPI 考核指标。同时，华为在每个地市建立客户服务中心，想方设法地提高华为的服务水平。

2. 国外市场商业模式

华为从 2003 年开始，销售额一举突破 3 亿美元。目前，华为海外市场已占销售收入的 75%，其中欧洲市场占到了其总销售收入的 10%，成为全球第二大电信设备商。多年来，华为重视人才，并着眼于未来进行长期布局、精耕细作，我国每年有 300 万名工科大学毕业生源源不断地为华为“输血”，使华为能够不断超越自我，迅速成长。这大部分得益于华为所具备的商业模式，也得益于华为的人力资源结构，研发和市场各占 40%，行政和生产人员只占 20%，这样构筑了华为研发能力和市场营销能力。这两种能力的结合成为以客户需求为导向的创新能力。华为一手抓普通客户关系，一手抓以客户需求为导向的产品研发，最终在世界电信舞台上崛起。

华为与其他发展中企业不一样的是，只要核心资源在、产品价值在，企业给自己树立的商业模式就能抵抗外界变化的冲击，保证企业始终有东西给予用户和市场。别人就能从你的商业模式中有所收获，你的商业模式对其他人才能发挥作用。前面提到的那些“共享”项目的夭折，就在于这些企业一直靠外界“输血”（投资者的钱）来打拼，并盲目扩大产能，不仅没有获取核心资源，还把产品价值的定价权交给了别人。

企业商业模式的内功包括成本结构、运营流程等。成本的减少，不仅能够减少企业的运营成本，还能抓住那些对价格敏感的用户，而对用户的这种吸引力，又能在不同程度上增强企业的竞争力。因此，成本结构能够影响整个商业模式运行的利润和增长速度，而成本结构的组成，需要企业自身进行优化。同样，企业的关键运作流程，也需要领导层进行自我优化和整合，并将之和企业的核心资源进行整合，更好地让商业模式创造出利润。

由此来看，企业对商业模式的重视，应该和对自身内外功夫的重视充分融为一体。许多创业型团队最致命的问题，就在于他们只是开发或者获得了一个新颖的商业模式，并且这个模式可能还不太成熟，而企业没有充分运用这个商业模式。但市场更多认可的是企业自身的功夫，风险投资者对于创业型企业的调查，也不可能只是关注商业模型。他们更关注企业所处的行业、提供的产品价值、掌握的核心资源，以及企业和其产业链上下游的合作关系、议价能力，是否存在瓶颈，此外，风险投资者还会考察整家企业从领导层到执行层是否具备很好的决策力和执行力……只有同时符合这些条件，一家企业才有希望被投资者和市场看中，才有可能脱颖而出。

放眼那些优秀的企业，其成功的因素几乎是多侧面、多层次的。从技术层面到市场层面，再到资本层面的竞争，仅有好的商业模式是远远不够的，还需要企业不断修炼、提升内外功力，从而将其商业模式的作用发挥到最大。

如果把企业当作人，我们自古追求“修身、齐家、治国、平天下”，现在企业则须“内外兼修，才能内圣外王”！

方法 2：顺势而为，选对行业方向

经常有打算创业的学员问我：“老师，我有一笔闲钱想创业，您说做什么项目好呢？”

我微笑着说：“先选行业，也就是说，你做的行业要有发展的潜力和未来想象空间。”

他奇怪地问道：“行业有那么重要吗？不是有句话叫‘同行不同利’吗？只要有好项目、会经营，做哪行不是都能赚到钱吗？”

我说：“这可不一定，企业只有选对行业，选对方向，才能选对匹配的商业模式，企业才能在未来活得很好。”

我得出这个结论，并非空穴来风。在企业成长的过程中，选择怎样的商业模式决定了企业拥有怎样的成长基因。企业的经营方式、盈利模式、未来格局等，都源于企业家对商业模式的选择。简而言之，商业模式意味着企业选择以何种路径赚钱。只有道路走对了、走新了、走稳了，企业才能在市场竞争这个永不停止的马拉松比赛中斩获名次，甚至获取冠军。

俗话说得好，顺势而为。目前对企业来说最重要的是活下来，风停下你还能活得滋润。我们回顾一下近年来取势崛起的企业，如微软、谷歌、苹果、腾讯、阿里巴巴、京东、科大讯飞等公司在一定的时机里踏上了行业发展潮流的高速列车。而那些没有看到行业发展趋势而最终被淘汰的企业，如柯达、摩托罗拉等显然是转型力道不够，或者没有意识到自己面临的问题有多严峻，才最终被淘汰的。所以，在挑战和机遇并存的市场上，企业唯有不断提升自己的实力，才能有更为长远的发展。

茅台酒是与苏格兰威士忌、法国科涅克白兰地齐名的三大蒸馏酒之一，更是我国数以万计的白酒品牌中实现名酒评比五连冠的3个知名白酒之一，同时还是我国最早的4个知名白酒之冠，所以茅台是我国白酒的代表，是中华民族的宝贵民族遗产，是中华民族的骄傲。

2018年6月6日，茅台公司盘中股价突破800元整数关，市值突破一万亿元。

贵州茅台发布2018年上半年主要经营数据公告，公告显示，经初步核算，贵州茅台2018年上半年实现营业总收入350亿元左右，同比增长37%左右；实现利润总额同比增长40%左右。

茅台公司的成功除了产品的品质好以外，更重要是因为它顺势而为，走对了方向。随着居民收入水平的提高，消费观念、消费方式发生转变，顾客愿意花更多的钱获得更好的产品体验，这种消费升级现象，是社会经济发展的规律和趋势。顾客对白酒质量和品牌有了更高的需求，高雅、健康、微醺的饮酒方式开始蔓延。消费个性化、小众化、文化认同感、体验性，新的销售模式会越来越多。贵州茅台市值一路高歌，取得了不错的业绩。

由此来看，选对创业方向事半功倍。但是，商业模式是动态的，而不是一成不变的，要适时重构。客户想要什么，甚至连他们自己都说不清，而客户未来想要什么，也不是大多数企业能完全准确预测的。企业必须在适当时机改变它们对商业模式的选择，才能确保时刻符合消费者的需要。

所以，企业家要认清商业模式的本质，企业对商业模式的选择是对产品流、信息流、资金流、情感流等不同要素的选择，也是对这些对象之间的经济逻辑的选择，更是对不同价值的选择。

在选择商业模式的时候，企业家应该首先确定模式内部的逻辑，其次确定该模式是否能带来预期收益，如图 1-6 所示，这意味着企业家应该做好下面的选择题。

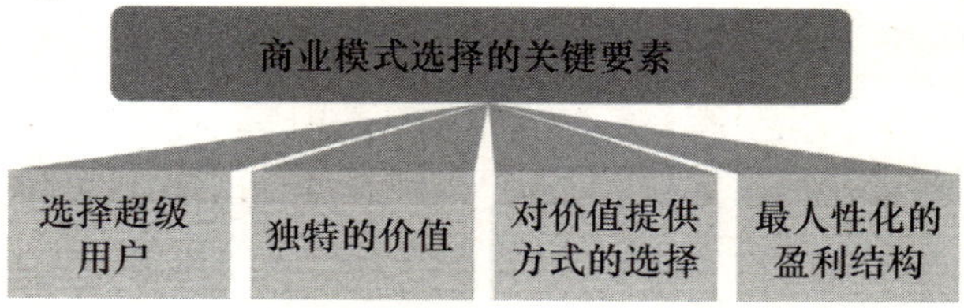

图 1-6　商业模式选择的关键要素

1. 选择超级用户

所谓超级用户，就是指铁杆粉丝，这些粉丝虽各有所好，但有一个共同点，都对某一品牌、某一产品或某一产品类别十分着迷。

新时代趋势是不要求所有人喜欢你，而是让喜欢你的人更喜欢你！

企业要想实现变现，就要提高用户留存量。从一个核心价值点开始培养忠诚用户群，然后通过提升用户的第一次体验，培养更多的核心用户群。

> 星巴克在 30 年里，从 380 万美元发展成为市值超过 840 亿美元的国际品牌。星巴克成功的基础要素就是好咖啡、好客户体验、快速高效的供应链。

在如今这个咖啡店遍地的时代，星巴克之所以会赢，是因为它一直把目标和重心放在选择超级用户上，主要有以下三点。

第一，了解“超级用户”的需求

星巴克深知用户来咖啡店消磨时间的方式是聊天、看书、工作等，所以，星巴克把咖啡店打造成了一个除了家和工作场所之外的“第三场所”。

第二，为“超级用户”提供优雅氛围

星巴克为了给“超级用户”提供一个他们更喜欢的氛围，对店内环境的设计做了精心的考量。星巴克在设计上的用心，表现在每个方面，甚至香味都是经过精心设计和计算的。

第三，重视“第三空间”

星巴克非常看重它提供的“第三空间”，不只是一个人际连接的场所，更是店员和顾客、顾客与朋友、顾客与顾客间都有连接。

由此来看，超级用户不但会持续购买你的产品，还会贡献自己的时间、精力以及影响力，会成为你的义工和宣传员，免费传播你的产品。

2. 独特的价值

选择用户只是第一步，接下来需要选择为用户提供什么独特价值。独特价值，才是商业模式的关键。如果你的模式看起来很美好，却什么都不能做，只能让美学家欣赏，就难以得到市场的承认了。企业应该为市场中那些你选择的利益相关方提供独特的利益，让他们从你的产品和服务中获取更多价值，哪怕只是更低的价格或者更多的功能。

所有独角兽型企业现在的对外形态是赢家通吃，强者越强、大者恒大，好像什么都做，如美团进军汽车出行、小米进军人工智能、京东进军零售店铺、阿里巴巴进军新零售等，但腾讯没有社交粉丝就没有根基、京东没有自建供应链服务就没有新零售店铺的基础，小米没有手机就不是小米，这些都是其独特价值！

做企业不是在大海里撒网，什么鱼儿都可以往里面兜，必须从一些精准的客户群切入，这样企业承担的风险会降低，成本也会下降。**所谓的隐性需求，指的是你的客户无法清晰地表达的或无法公开表达的、你的竞争对手还不知道的、行业内都知道却没有人能够满足的客户需求，如果企业能在这个方面有所发现，就能够在竞争中占得先机。**

独特价值是所有企业必须思考和精准定义的，就像腾讯“一切以用户价值为归依”的核心理念一样，每天要思考为目标用户创造什么样的独特价值，脱离了这一条，企业将被市场抛弃。

新时代值得重视的结论：**无社交不商业，精神需求是刚需，功能型价值创造时代终结，精神方面创造价值成为核心！**

3. 对价值提供方式的选择

选择商业模式必然还包括对价值提供方式的选择。

研究赚钱的流程是商业模式的关键点之一，为此，企业必须选择一个富有竞争力的运营流程，以阻止竞争者在未来超越自己。这就意味着他们必须选择独特的价值提供方式，让别人难以模仿和学习。事实上，许多企业已经通过选择不同的价值提供方式，让商业模式富有竞争力及能力。现在几乎人人接触到的支付宝，也是源于企业对价值提供方式的选择。

自从支付宝芝麻信用体系落地，互联网金融便开始风靡。一夜之间，信用消费和信贷及免押再次升温。当支付宝信用免押放出 10 亿元时，芝麻信用再次成为用户心中的价值衡量标准。

对企业商业模式的选择，必须建立在对目标用户、目标用户需求价值、目标用户价值提供方式的正确了解和选择之上。随着云计算、大数据、物联网、移动互联网、区块链等技术的不断普及及应用，在未来商业场景中价值提供方式会越来越便捷、多元，如刷脸、刷车牌等会变得常态化，个性化定制、专家工匠、医生、厨师等技能型人才变得自由，属于价值提供平台化。

4. 最人性化的盈利结构

无论线上还是线下，都在研究符合人性的结构。有人说人之初，性本懒。懒人经济催生了上门服务，如饿了么、美团等，假日经济催生了短线旅游，如特色小镇、城市周边旅游等。人性的力量是无穷的，只要抓住了用户的心，就捂住了用户的钱袋子，盈利就变得简单、有趣。

盈利结构是商业模式的落脚点，特征是一次投入，多点盈利。靠差价盈利的时代已终结，多点盈利、多段盈利时代已到来。

一流企业做势，顺势而为；二流企业做营销；三流企业做产品。在中国人民站起来、富起来到现在强起来的新时代，无论国际形势如何变化，中国随着深化改革的进行，国门更加开放，金融、文化、教育、保险等行业提倡国民待遇，这些给中小企业借势提供了土壤与基础。

只有正确评价自己的商业模式是否有足够的吸引力，并准确地把握商业模式的关键要素价值，才能让你的企业拥有商业模式这个武器，在商业市场中立于高点。当然，在这样的选择过程中，企业家还应该有大无畏敢担当的勇气、奇正相生的创新思维去打破已有的惯性。只有明白了通过选择设计出独特领先的商业模式，你的企业在未来才会获得资本的青睐并创造美好的未来。

方法 3：先开枪、后瞄准

“先开枪，后瞄准”这句话，最早是由惠普提出来的。人们刚一听这话，会觉得不可思议，还没有瞄准就开枪，这不是容易放空炮吗？但如果仔细想想，这句话包含着一个经营思想，那就是“先发制人”。现代经济市场的行情变幻莫测，机会往往稍纵即逝，企业要想占得先机，必须拥有当机立断的魄力和勇气。只要敢于开枪，就有打中的可能；而不开枪的话，即使瞄得再精准也等于零。

众所周知，商业模式是动态而不是静态的，企业一旦确定了项目就应该先行动，只有先行动，才不会被其他企业抢占先机。你行动了，就等于抓住了机会，然后在行动中不断试错迭代、小步快跑。在实践中根据现实情况调整商业模式。

> 卡莉·费奥利娜没有上任前，惠普公司业绩大幅下滑，究其原因，就是过分追求完美，总是要等研发出最好的产品才推出市场，使惠普公司在市场上总慢于一些小公司推出新产品。后来新上任的惠普总裁卡莉·费奥利娜提出了“先开枪，再瞄准”的理念，在公司全力宣传这个理念并不断地推广，惠普公司不久就摆脱了困境，恢复昔日的雄风。

过去的企业在创新商业模式时，奉行“想好了再跑”，先想到的是这套模式还没有企业用过，会不会赔钱？或是犹豫着不敢尝试。殊不知，就在你观望时，已经有人捷足先登了。而那些成功的企业，做的是“边跑边想”“边做边改”。

对于商业模式，企业家的想法再高明，如果不去行动，就等于零。所以，企业家不要奢望将其做到完美再推向市场，不妨先简单地做出一点点，就拿到市场上做实验，一旦对了就迅速跟进，一旦不对调整的成本也很低。把用户作为试金石，集小胜为大胜。例如：腾讯的商业模式之所以能成功，并不是马化腾一天想出来的，最初就是一个简单的聊天工具，打动了用户的交友需求，后来是在边施行边运用中，一步步地完善商业模式的。

好的商业模式，就是要瞄准用户的需求点，同时在技术开发方面，采用“小步快跑，循序渐进，不断试错”的思路，相信你的商业模式会日渐趋于完善。

企业生产什么不重要，重要的是是否拥有好的商业模式。目前，我国企业已经进入商业模式层面的竞争，建立合理的商业模式是企业融入市场竞争和持续盈利的不二法门。

实操案例解析：懒人经济里的“幸福”基因

2000 年 1 月，亚马逊与网络快运公司达成价值 6000 万美元的协议：1 小时内送货上门。这个看似毫无回报的疯狂举动让亚马逊的客户迅速突破 1500 万人，而在这个过程中，亚马逊也悄然完成从书城到网络零售商的转型。不到 5 年，亚马逊从一家在车库成立的小网站，成长为总市值 210 亿美元的巨兽。

电商巨头亚马逊的股价在 2018 年 8 月底超过了 2000 美元，市值也达到了 9766 亿美元，距离一万亿美元更近了一步，且有分析师表示，亚马逊的市值可能在 3 ～ 5 年内翻一番，达到约两万亿美元。

亚马逊的送货上门，为后来的懒人经济的发展奠定了基础。从小到大，我们听到最多的话就是“勤劳致富”“自己动手，丰衣足食”“早起的鸟儿有虫吃”等让人不要偷懒的话。但到了互联网时代，越来越多的商家开始赚 “懒人”的钱了。

饿了懒得做饭，在手机上下个订单，饭一会儿就送来了；衣服脏了懒得自己洗，在手机上预约，就有人上门取走清洗，清洗完毕以后在约定的时间送上门；天气冷了懒得出门，可以一键预约，美甲师上门服务；空调坏了懒得出门找人修，通过手机拍照上传，就可以呼叫周边的维修人员维修……

从2015年上半年开始，从送餐上门到家政服务，从洗衣服到维修，从美甲到按摩，各种各样的为“懒人”群体服务的社区O2O项目迅速地火了起来，资本和创业者开始抢占用户家门口的生意。

社区O2O的本质就是为这些“懒人”提供私人订制、全方位、多元化的便民服务，相比效率低下、覆盖范围小、耗时长、服务体验差等因素困扰着用户的传统社区服务，社区O2O旨在整合线下服务资源，通过互联网化的方式提供便利的社区服务。

也正是在这样的背景之下，围绕用户家门口的生意，各路社区O2O企业开始进场抢夺商机。

社区电商发展火热，已成为电子商务市场最具潜力的领域之一。2015年年底，企鹅智酷关于社区O2O的一篇调查研究报告充分显示了“懒人经济”的魅力。发放的3万份调查报告统计显示：不爱做家务或没有时间做家务的用户占了76%；71%的用户愿意尝试生鲜食材、商品配送服务；53%的用户对洗衣上门、商品取送业务感兴趣。类似商品取送、送货上门、上门取衣等这样的服务，80后、90后已成为消费的主力军。

懒人的需求几乎是无孔不入的，只有你想不到的，没有商家做不到的，堪称是定制的，是源自生活中碎片时间的，这种模式在传统市场渠道与供应商面前，是无法满足的，更不能形成规模，只有在移动互联网普及的今天，我们才有可能通过O2O将分散的需求集中起来，满足客户的需求。

“懒人经济”背后有其巨大的商机，在“懒人经济”的细分领域有一批优秀的项目正在崛起。除了入驻综合平台，很多创业者在探索“手机 App ＋微信公众号”的运营模式，打通地理定位、在线营销、移动支付、线下体验、评价反馈、分享互动的每个环节，打造独立品牌。

从挖掘懒人经济的角度来看，最终剩下的不一定是最便宜的服务项目，而是受众最满意的服务项目。对从事“懒人经济”的企业来说，要想在竞争中取胜，企业的商业模式要具备以下特点，如图 1-7 所示。

图 1-7 “懒人经济”竞争式的商业模式

企业的商业模式只有做到了图 1-7 所示的几点，才能根据客户的兴趣和爱好，提供好的服务和产品，让客户满意，从而锁定客户。

不要试图改变用户的天性，如喜欢吃、喜欢玩等，商业社会中要做的是让这种天性无比简单、享受、快乐，做到了这些，你的企业则近道矣！做到了极致，你的企业就会是一家独角兽型的企业。

本章思考

思考 1：你的行业未来有什么趋势？请量化描述出三点。

思考 2：请客观评估你的企业的四大核心基因。

思考 3：你的企业禀赋是什么？这种禀赋是否具备独特性，是别人无法复制的吗？

思考 4：创业者如何发现和培育企业的“幸福”基因？

第 2 章
模式重构，从复制到颠覆

用商业模式重构企业核心能力

我有一位企业家学员是私营企业的老板，听过我的课后，他问道："老师，我的企业要想发展，是不是要进行模式重构？"

我点头回答："对，重构的过程就是企业基因重组，只有进行模式重构，才能提升企业的核心能力。"

那么，什么是企业的模式重构呢？商业模式用一句话说就是利益相关方交易结构的设计，是一种公司与公司内外的所有利益相关者不断进行交易的结构。交易结构中包含的要素，如图 2-1 所示。

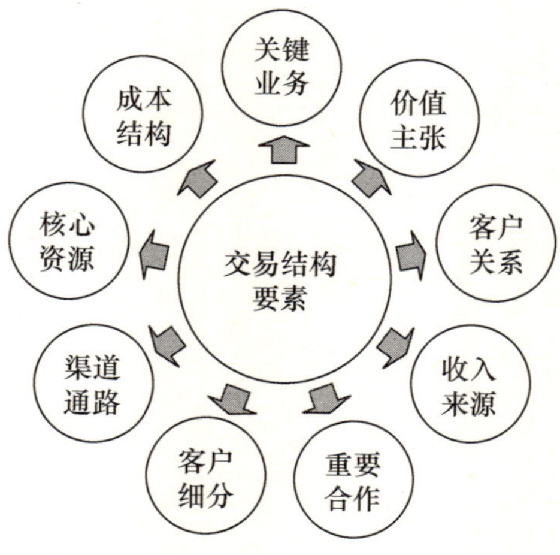

图 2-1　交易结构要素

在图 2-1 中的 9 个要素中，任何一个或几个要素的调整都会改变整个商业模式，如果这种调整是比较平缓的，那么这种改变就叫商业模式的演化；如果这种调整是比较剧烈的，那么这种改变就叫商业模式的重构。运用好 9 个要素将从价值发现、价值创造、资本模式对接、价值实现等环节打造企业价值链，完成企业商业模式的重构。

现在这个阶段正是传统企业追求互联网化的阶段，各种要素及关系的调整必然非常剧烈，所以传统企业只有进行商业模式重构才能获得新生。接下来，通过我辅导过的一个案例来分析如何进行商业模式重构。

某企业是做信息设备制造的，几年后，由于同行之间竞争激烈，该企业陷入困境。我在了解了企业的情况后，提出重构商业模式，并且分两次从商业模式调整入手加以解决。

第一次商业模式调整先从定位入手，从单纯主机设备制造商转变为整体解决方案及售后技术服务提供商，帮助用户降低管理及维护成本，给客户提供更多的价值。同时重构了业务系统，创设了技术服务、供应链管理等新的业务环节，培育新的关键资源能力——供应链管理和技术服务，形成“制造＋供应链管理”的商业模式。

第二次商业模式调整的重点是充实定位，为客户提供融资服务，形成“制造＋供应链管理＋供应链金融服务”的商业模式，并培育新商业模式所需要的关键资源能力——信用风险控制能力。

模式重构解除了客户的资本约束，增强了客户的购买能力，支持其投资；让企业提高了营销效率，稳固了商业关系，降低了直接营销成本，与主业形成了经营协同效应，拉动了需求，提高了自身业务的增长，增加了企业自身的收益来源等，实现规模收益递增。

苹果推出的 iPhone 颠覆了以往的定位，从一个设备提供商变成设备提供商、平台提供商和重要的服务提供商的“三合一”企业。

在设备制造上，苹果主要负责研发工作，将生产部分外包给 OEM 厂商。同时，苹果还通过半封闭的手机版 MAC OS X 为服务提供商和内容提供商搭建平台。此外，开发 iTunes 等应用软件，进一步吸引内容提供商。

在与运营商的合作上，苹果从欧美市场突围。欧美的手机市场一向采用“手机定制”模式，电信运营商占据强势地位。苹果与运营商签订排他性协议，共同宣布 iPhone 的购买者必须在一段时间内使用该运营商的网络。苹果将 iPod 产品上的“iPod + iTunes”模式移植到了手机上，在 iPhone 中整合了大量独立内容，包括 iTunes、Map、Youtube 等，同时作为设备提供商、平台提供商和重要的服务提供商。

在具体的应用上，苹果针对 iPhone 操作系统推出开放式的 SDK 开发工具包，以多种促进策略推动第三方开发者积极参与进来。SDK 可免费，从而降低开发人员所负担的费用。开发人员花费 99 美元可以加入 iPhone Developer Program，不仅能得到官方的技术支持，还允许将软件挂上唯一的 iPhone 软件商店 App Store 出售，开发者自由定价，销售收入与苹果七三分成，除此之外没有任何的管理、账目、挂载费用。这一点无论对第三方开发厂商，还是对个人开发者都有极强的吸引力，同时也能以经济效益的方式，调动第三方开发的积极性，这也极大地丰富了 iPhone 的应用数量。

在资金流结算上，苹果和信用卡公司合作，客户可以直接通过信用卡进行网上交易，在方便客户的同时支持了 App Store 的爆发式成长。

推出以来，iPhone 产品的季度收入已经从 2007 年第二季度的 500 万美元直线增长到 2008 年第一季度的 3.78 亿美元。2018 年 8 月，苹果的市值已突破万亿美元大关。

苹果的重构具有颠覆性，不但让客户对苹果的消费从设备扩展到软件、音乐等，而且从渠道（包括实体和线上）上增加了客户对苹果产品和服务的接触点，有效地降低了多项交易成本，类似于信息服务的整体解决方案。

在互联网时代，企业以往的商业模式被颠覆，传统意义上可依托的壁垒被打破，以往任何的经验都显得苍白无力。黑莓、诺基亚、东芝、摩托罗拉等全球知名企业被兼并、倒闭的消息不断传来。而苹果公司成为世界上市值最高的公司，深度介入智能手机市场的中国企业华为的市场份额达到 9%，正在缩小与三星的差距。

数据显示，2017 年 1 月，33.0%、38.8%、40.7% 的中型企业、小型企业、微型企业融资需求不能得到满足。34.6% 的中小企业反映流动资金紧张，资金缺口在 20% 以上的企业占 19.1%，反映流动资金紧张的小型企业比例为 35.4%，高于中型企业的 35.1% 和微型企业的 30.1%。

由此来看，传统企业若不进行经济业态和商业模式的变革和重构，危机迫在眉睫。所以，企业需要把商业模式所带来的竞争优势渗透经营层面，为核心竞争力提供支撑。这关系到商业模式理论需求和实践需求的两个层面。

通过多年在总裁班讲述商业模式创新与设计课程，我发现企业家从知道到做到还有很大的距离，所以我花近 5 年的时间，总结了 2 万多个案例，提出了商业模式设计的六大原则与设计罗盘，开设了“咨询式商业模式重构训练营”，帮助 1000 多家企业面对面重构其商业模式，很多项目参加完很快就拿到了资本市场的投资，如杭州铂示顿净水项目，原来以卖产品为主，通过商业模式重构，采用“物联网 + 会员制 + 积分商场”，估值从 600 万元提升到 4000 万元，得到某上市公司的直接投资。

近年来，商业模式重构以前未有的规模和速度，改变着行业格局，现在是企业家重新梳理和设计自身商业模式的最佳时机，也是应该系统地解决商业模式所面临的挑战的时候。说到底，商业模式重构是为公司、客户和社会创造了全新的价值，恰逢其时，是企业转型升级的最好利器。

分析：做自己企业的顶层设计师

一家企业要做强做大，一定要有一个做强做大的模式。很多企业做到一定阶段就做不大了，为什么？因为一开始就错了。所以，企业要想更好地发展，需要顶层设计。

众所周知，iPhone=“潮流”，星巴克 =“小资”，法拉利 =“速度”，王老吉 =“去火”，海飞丝 =“去屑”，如果你的企业无法用一两个字眼来形容，那么就很难持续发展。

所谓顶层设计，原是系统工程理论的一个概念，近几年被广泛引入国家治理、社会管理乃至企业管理的理论和实践中。

做企业有两种方法：一种是走一步看一步，这叫“摸着石头过河”，试错成本高，时间慢；还有一种做法叫以终为始，以未来目标及愿景为出发点，这种做企业的做法就是顶层设计。

一般来说，企业的顶层设计模式包括以下三大内容，如图 2-2 所示。

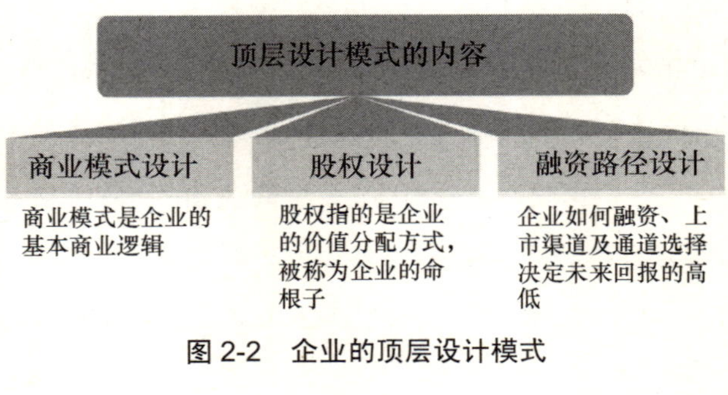

图 2-2　企业的顶层设计模式

就目前来看，已经取得成功的企业表现出与传统企业不同的特征：华为、联想等企业的路径颇为相似，不管是在商业模式、股权分配机制和治理机制及融资路径上，普遍“摸着石头过河”，在生存中逐步找到适合自己的业务模式、分配机制和财务杠杆机制。有些快速长大并获得成功的企业，可以说它们在创业之初就是“有备而来”的，完全是顶层设计的体现。

雷军在做小米之前，是进行了长时间的提炼与思考的，在有了小米模式的基本轮廓之后，一开始便引入风险投资，有目的地寻找精兵强将，找到了 7 个互补性很强的合伙人构建企业的顶层设计。

由此不难看出，小米从成立之初，顶层设计就是非常清晰的。世界知名的胶片公司柯达公司，以为能依靠自身的优势技术和老产品包打天下，结果没几年就被淹没在滚滚而来的市场大潮中。之所以在市场竞争中败下阵来，关键的一点就是企业领导人没有把企业的顶层设计好，从而导致了企业的短命，如图 2-3 所示。

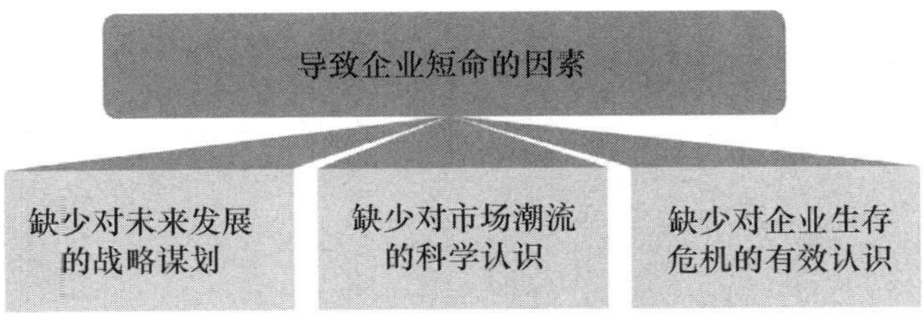

图 2-3　导致企业短命的因素

国内很多企业家因为不能做企业的顶层设计师，导致企业举步维艰。

在我国经济发展已经步入新常态的背景下，粗放式的扩张已经成为过去式，市场机会越来越少，回归理性的思维必然会得到多数企业的认同。在这种情况下，企业发展迫切需要顶层设计。企业家必须认识到，“顶层设计”是“从后往前看”的逻辑思维，是“系统化思考”的经营理念，是“利他化经营”的双赢策略，是“明确化分工”的操作模式，是“图形化描述”的沟通方法。企业家运用好了顶层设计的内容，必然会给企业带来脱胎换骨的变化，为企业的持续发展注入健康的基因和活力。

对企业来说，资本只是工具，只有做好自己企业的顶层设计师，才能掌握自己企业的未来。企业不论大小、不论起步的早晚，顶层设计至关重要。

我接触过众多中小型企业老板，发现大部分企业没有顶层设计。他们挂在嘴边的一句话就是：“什么顶层设计，都是一些虚头巴脑的东西，产品卖出去才是硬道理。”

他们说得没错，只是没有真正理解“产品卖出去才是硬道理”的核心。假如一种产品没有精准的产品定位、没有系统的产品策划、没有明确的目标群体、没有清晰的渠道思路、没有合适的价格体系、没有有效的传播方式，请问在这种情况下，你的产品凭什么卖出去？所以，顶层设计是前提，不但要设计，而且要专业、要精深、要系统。这是因为以下几点，如图 2-4 所示。

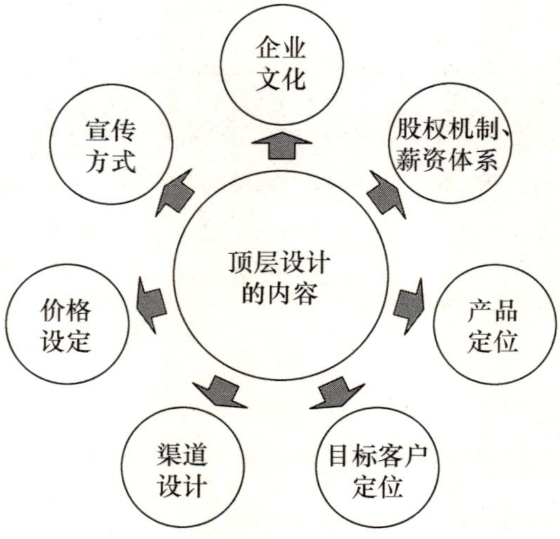

图 2-4　顶层设计的内容

1. 企业文化（价值主张）

对国家来说，文化是一个国家的灵魂；对企业来说，文化是一家企业的灵魂。**一家企业的价值主张，体现在愿景、使命、价值观上，是企业最大的差异化，企业的文化决定着企业的高度与格局**。没有文化的企业看不到前景和愿景，这样无法唤起员工的斗志。企业有前景和愿景，员工才会有奔头，才愿意拼搏。

实际上，企业文化是企业家的心声、是企业的原动力、是企业的性格、是团队的风格、是企业的目标，决定着企业的团队组建、企业的方向战略、企业的产品设计、企业的产品服务等。所以，企业文化决定着企业的高度。没有企业文化注定引领不了客户、留不住人才、招不来商家，因为大家跟着你干，你要给别人一个跟着你干的理由。

2. 股权机制、薪资体系

“人才”是未来竞争的核心力，股权机制、薪资体系决定人才流失，大多数企业已经认识到了人才的重要性，但是在实际的机制和体制中并没有制定留人的机制。对任何一家企业来说，有了人才，就会有资源、资金、市场、企业的磁场。没有人才，企业再有钱和产品都等于零。

股权机制、薪资体系并不是单指员工的高收入，而是企业经营者在某一个行业中有执着的信念和清晰的思路以形成企业最初的性格、魅力，一个人的格局大，就会形成足够强大的磁场，从而不断吸引人才。在这种情况下，企业领袖更多的是要注重企业的留人机制。例如：长久的留人方式有股权分配、高薪留人、期权留人等，目前大部分企业采取的是高薪留人法，现在雇佣制已失去魅力，合伙制大行其道，股权激励是更好的“金手铐”。

3. 产品定位

产品定位是企业发展的根本，任何企业，产品是本，产品定位不好，其他做得再好也没有用。企业可以靠强势投入提高产品的知名度，但假如产品质量不过硬，企业的知名度越大，企业的风险越大。

产品就是企业最好的广告与口碑，好产品会自己开口说话。产品的定位清晰，目标客户才够清晰；产品的定位清晰，渠道思路才会清晰；产品的定位清晰，生产员工、业务团队的工作方向才会清晰；产品的定位清晰，宣传方式才会有效；产品的定位清晰，市场竞争环境才能差异化。产品的定位包括了产品资源优势、品质优势、品名设计、广告语设计、功能设计、理念设计、包装设计等，做得越全面，产品就越具有生命力。

好产品就是超级 IP，爆品是企业的敲门砖，产品线是企业的利润池，只有迭代关系才是最好的产品关系。

4. 目标客户定位

企业有了明确的产品定位后，还要对目标客户进行精准定位，客户定位首先要有客户画像，让每个员工及合作伙伴能清晰识别。目标客户的分析决定了产品的营销思路，包括业务流程、渠道模式、价格体系、促销体系等。

通过对客户进行明确的定位，可以明确销售渠道。可以说，目标客户的定位是渠道设计的前提，只有找准目标客户，根据产品的性能与目标客户，才能精准地设计渠道。

5. 渠道设计

渠道是营销的重要环节，渠道建设直接影响企业的发展速度。渠道越扁平化、越直接越好，现在是去中间渠道的时代，传统中间商未来堪忧。尤其互联网应用让很多中间商失去价值，不再存在。

6. 价格设定

价格设定决定企业生存，定价定天下，成为大多数企业的取胜之道。

定价必须综合生产成本（原材料成本、生产成本、设备折旧成本等）、管理成本、利润、物流费用、营销费用（包括营销团队费用、市场促销费用、市场宣传费用、市场物料费用、经销商的管控费用、会议费用等）等多方面定价，包括众多的定价办法：撇脂定价、成本定价、成本加成定价、心理定价、尾数定价等多种方法，针对不同的产品综合市场进行合理的定价。

价格的设定关乎整家企业的利润分配的合理性，是企业发展至关重要的环节，直接决定着企业的生存及部分合作企业的生存。

一句话，**定价基于价值**，让消费者认知价值才能实现有效销售。

7. 宣传方式

为提高企业的知名度，让目标客户、合作伙伴更加了解企业的产品、文化，宣传方式的选择非常关键，尤其是低投入、高效率的宣传方式可尽快促进企业的发展。

现在的宣传方式众多，电视、互联网、自媒体会议、宣传品、户外广告等，如果选择不准确，不但投入大，而且得到的效果并不明显。

每家企业的发展必然经历导入期、发展期、成熟期、衰退期，每个阶段企业的宣传应根据相应的需求选择有效的宣传方式。

一句话，在互联网时代，**最好的宣传是口碑**。

方法 1：成为细分领域游戏规则的制定者

当今社会，市场竞争越来越激烈，中小企业要想在竞争中突围，企业家必须在市场竞争的激流里，成为细分领域游戏规则的制定者。

2016 年，曾经红极一时的开心网悄无声息地被收购了。说到开心网，许多网友有过定闹钟早起“偷菜”“抢车位”的经历。从快速蹿红到一路下滑，开心网从兴到衰的历程折射出互联网商业模式的各种“游戏规则”。

从 2006 年到 2016 年，亿万名用户开始接触互联网、尝试使用互联网，他们相对容易被培养出新的使用习惯，一点点新鲜时髦就足够引发广泛流行。可随着用户的成长和成熟，他们开始对互联网服务商提出了更高的要求，如果裹足不前，高度自由竞争的市场很快就会出现强有力的竞争对手，用户则会毫不留情地“用脚投票”。没有集中精力于平台和用户运营的开心网，就这样被腾讯 QQ 空间、人人网等后起之秀超越。

开心网的没落也印证了互联网发展从传统互联网向移动互联网转移的大趋势。2009 年年底，开心网注册用户 7000 万名，是名副其实的国内第一社交网络，很多用户和自己的同学、同事、朋友都“驻扎”在开心网，社交关系链的迁徙基本已经实现，这本是开心网手中握有的巨大财富，但在向移动端转型的过程中，开心网错过了不少机会，没能及时跟上智能手机普及的浪潮。先不说在手机端使用的方便程度无法与现在的微博、微信相比，就算是当家的游戏业务，在经历了团队动荡与“换血”后，开心网始终在移动游戏开发上没有起色。移动互联网的快速崛起，让新浪微博、腾讯微信成为新的“超级入口”，开心网终于逐渐隐没。

开心网的没落，“没钱”也是一个重要原因。这也折射出以下问题：缺乏巨头背景，难以得到扶植；未开放平台，无法获得新的盈利点；无法成功上市，不能从资本市场中获得新鲜“血液”……这都造成了开心网在后来的发展中步步受制于人。

其实，“游戏规则”的根本是要不断洞察用户需求，提升用户体验，单一应用哪怕是“爆款”，也只是支撑平台发展的工具，而不是留住用户的万灵金丹。开心网的没落在于除了“偷菜”和“抢车位”外，再没有开发其他热门的应用。

开心网已经成为过去，但互联网产业中可供发掘的细分领域还有很多。新的创业公司应该从开心网走过的路中总结经验教训，与时俱进，方能建立真正的核心竞争力，留住被圈来的用户。

实际上，在当前竞争激烈的市场上，企业如逆水行舟，不进则退。企业经营者要想让企业逆袭成功，就必须有远见卓识，重构商业模式，这样才有机会在激烈的市场竞争中突围。

一般来说，企业经营者可以从以下方面去做，如图 2-5 所示。

图 2-5　企业经营者进行细分领域的 4 个方法

1. 聚焦更细分的领域

当一个领域被开发并呈现良好前景时，曾经的蓝海也会因众多竞争者的加入变成红海，企业倘若在一片红海中继续厮杀会导致结果惨不忍睹。中小企业若能够在红海中挖掘出细分市场，并集中资源和精力专注于该细分领域，同时把领域细分做到极致，该企业品牌势必会成为这个细分领域的强者。

例如：化妆品领域的羽西品牌就很有代表性。在众多国外大品牌打入中国时，羽西充分洞察了亚洲消费者对中药的接受及对化学品的担忧和顾虑，提出“中药护肤、中药彩妆”，开创了“中药美容”的新细分领域，羽西由于专注于中药美容产品的研发和市场开拓，不但站稳了亚洲市场，更拓展到了全球市场。

2. 发现并创新品类（创造新物种）

调查显示，通常消费者只能对同一品类前三位的品牌记忆深刻，企业要想让自己的品牌占据消费者“前三”的心智资源，必须做到两点：**第一，在竞争激烈的品类中击败其他对手；第二，创新品类，成为新品类的第一品牌。**

企业要做到第一点，受到的阻力和难度远比第二点大。由此来看，唯有创新品类才是中小企业最佳的选择之一。新品类就是新物种，创新包括以下几点：产品技术创新；产品微改造，挖掘新特性；产品概念创新，包括新精神需求等。产品微改造、产品概念创新要比产品技术创新投入得更少、见效更快。

例如：西方人喜欢把奶油、果酱涂在面包上卷起来吃，看似非常简单的动作，却诞生了“瑞士卷”，成为一个全新品类，让它彻底摆脱了面包的传统竞争。娃哈哈推出的饮料新品“格瓦斯”，提出“液体面包”概念，在对啤酒饮料进行产品创新的同时，又进行了品类的概念创新，市场反响很好。

3. 建立独具个性的竞争规则

在人们需求更多样化的今天，一切皆有可能。

例如：近年来，随着直播的人气火热上升，越来越多的网红出现在我们的眼前。很多人想成为网红，为什么呢？因为他们有人气，有喜欢自己的粉丝，而他们能通过这些粉丝和人气获取利益，如通过自己的人气接广告或卖东西给喜欢自己的粉丝。淘宝有越来越多的网红店通过自身的人气效应打广告，在直播或博客中秀出店里的商品，这种独特的销售方式，正是它的竞争规则。

在游戏规则中，永远只有两种结果，要么制定规则，要么遵守规则。同时，无数的商业实例证明，活在规则下的企业难有出头之日，当你玩别人的游戏时你永远玩不过庄家。所以，中小企业在市场竞争中，构建自己的竞争规则，是希望，更是突围的关键。

4. 尝试品牌社交化营销

品牌是企业持续盈利的核心武器，但持续盈利的前提不只是短期内品牌所带来的丰厚利润，更重要的是顾客对品牌的忠诚。这需要企业时刻关注并洞察顾客需求的变化及顾客对需求的期待，忠诚源于对顾客心声的尊重及敬畏。而品牌社交化正是以一种全景式对话及沟通的方式，全面向顾客立体地传递品牌的核心价值，并时刻接受顾客对品牌的信息反馈，然后保持最佳的产品及品牌体验，让顾客在特定的圈子里自觉形成良好的口碑营销。

中小企业的品牌建设，不能过度崇拜大手笔投资的“大广告”，而要更注重品牌与顾客的对话沟通，从而建立更精美、更牢固的信任关系。

总之，企业若能聚焦更细分的领域，发现及创新其品类并建立自己的竞争规则，同时能通过品牌社交化深度营销，企业品牌一定能在激烈的竞争中找到突围的缺口，在逆境中反击成功。

在互联网产业中可供发掘的细分领域还有很多。新的创业公司应该总结经验教训，与时俱进，方能建立真正的核心竞争力，吸引并留住用户。

方法 2：企业瘦身，从重资产到轻资产

一般来说，企业如何实现轻资产？主要有两种策略，如图 2-6 所示。

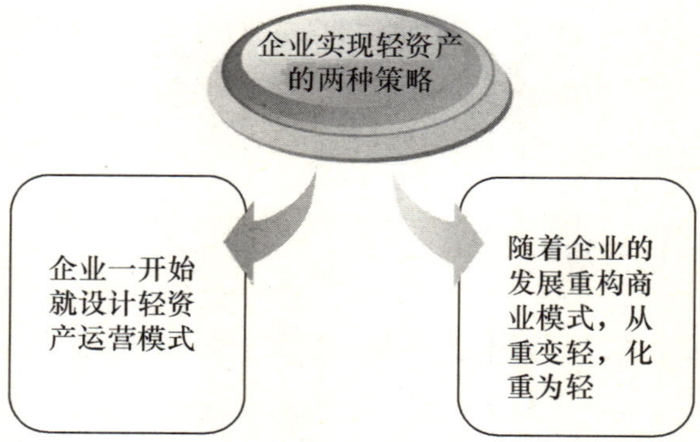

图 2-6　企业实现轻资产的两种策略

重资产的企业往往面临规模收益递减、规模风险递增的困扰。企业要解决这个困扰，可以通过分拆公司软实力（品牌、管理能力等）和重资产，做到举重若轻，化重为轻。

可口可乐在成立初期，由于缺乏资金、装瓶技术、质量管理经验，只能利用特许经营模式与每家装瓶商签订一份“永久合同”，规定浓缩液的价格并授予装瓶商地区独家经营权。可口可乐正是凭借“永久合同”，发展了一个全国性装瓶网络，使其快速增长。到了 1980 年，可口可乐销售额接近 60 亿美元，利润达到 4.22 亿美元，其中 65% 源于海外部门。

这个时候，竞争对手百事可乐从渠道出击，专攻超市连锁店。可口

可乐想还击，但是可口可乐并不占装瓶商的股份，对后者没有控制权，几万个装瓶商各自为政，缺乏协调，也不配合可口可乐低价出击超市连锁店的市场策略。1980 年，百事可乐的市场占有率比可口可乐只差 9 个百分点。可口可乐到了最危险的时候。

郭思达就是在此时出任可口可乐的首席执行官，为了获得更高的资本回报率，他开始寻求和装瓶商更好地合作。可口可乐先取消了浓缩液的固定价格，增加对可口可乐有利的条款，为下一步重构企业价值扫清了障碍。1985 年，可口可乐相继投入 30 亿美元，收购瓶装瓶厂、回购特许权，对被收购的瓶装商进行投资和现代化改造、增强管理和市场营销能力，建立一个集中统一的可口可乐系统。

由于大规模的收购提高了公司的资产密集度（资产 / 销售额）且消耗大量的流动资金，造成巨额债务。为了解决这些问题，可口可乐公司于 1986 年创立可口可乐装瓶商控股公司（Coca-Cola Enterprise，CCE），把可口可乐在美国收购的大型装瓶商分拆出去，由 CCE 控制。CCE 创立后，可口可乐把此前收购产生的 30 亿美元的债务从自身报表中去除、转移到新公司 CCE 的资产负债表上；同时，将其 51% 的股份公开上市，回收了 11.8 亿美元。

拆出去的可口可乐企业整合了可口可乐公司在美国收购的装瓶商，根据它与可口可乐公司的特许合同在特定的领地范围内生产、包装、分销和销售可口可乐公司特定的产品。而剥离了大部分装瓶业务的可口可乐公司重新定位成了一个浓缩液制造商，负责制造浓缩液、饮料基和原浆，并出售给各装瓶商；同时它拥有或授权品牌，专注于饮料开发和开展市场营销活动（包括印刷和电视广告、在线项目、零售店展示、赞助包装设计、比赛等），以联结可口可乐的品牌和消费者。

可口可乐公司经过分拆后，至少得到了以下的利益。

1. 剥离了大部分的装瓶业务的重资产

这部分资产的出售或处置给可口可乐公司带来了直接的现金流，从而支持公司继续收购扩张。

2. 通过 CCE 控制国内装瓶业的大部分业务

并入 CCE 的装瓶厂不再独立，没有并入的装瓶厂则由于缺乏支持渐渐失去竞争力。CCE 在成立后的两年内连续吞并了一些零散的装瓶厂，进而巩固了自己作为世界上最大装瓶商的地位。而掌握其 49%股权的可口可乐公司是最大的股东，通过公司治理架构对 CCE 的决策和运营拥有很大的决定权，但由于在财务上不实行合并报表，其资产负债表上并不包含 CCE 的资产，损益报告也不用反映 CCE 的不良业绩。

3. 把可口可乐的收入来源扩增，分享更多的价值

除了浓缩液销售额之外，可口可乐还能够得到装瓶商的股权收益，分享可口可乐成品不断攀升的销售利润，而这部分利益在之前的几十年基本由装瓶商独占。

可口可乐自身变成一个干净、现代化、更加有效的公司，对投资者来说更加具有吸引力。接着，可口可乐又进行了一系列收购，成为世界上最大的瓶装商。

设想一下，假如可口可乐不把装瓶商收购进自己的阵营，而是一盘散沙，能够抵挡住百事可乐的步步紧追吗？假如可口可乐不把收购后的装瓶商网络剥离出来独立上市，重资产的可口可乐整体能实现今天这么高的市值吗？

用极少的资源撬动大量资源，以软实力运转重资产，运用杠杆的力量，四

两拨千斤，一方面可以拓展盈利空间，另一方面能更好地降低运营风险。

我们可以通过在商业模式中引入金融架构，利用控股或合伙等治理安排，有效规避风险，提升运营效率。

好的商业模式有一个共同特征：轻资产，只有轻才能走得快，以轻制重。

方法 3：新时代模式创新的六重境界

学武功，有三重境界。第一重境界，看山是山，看水是水；第二重境界，看山不是山，看水不是水；第三重境界，看山还是山，看水还是水。不同境界代表不同层级，近几年，大众创业成为一种阻挡不住的趋势，企业的商业模式创新更是风起云涌、别出心裁，任何新的做法都与商业模式有关。例如：共享经济、共享单车、农村电商、社区服务、降维攻击等。

共享经济既是一种创新的商业模式，又代表了未来的趋势，其特点如图 2-7 所示。

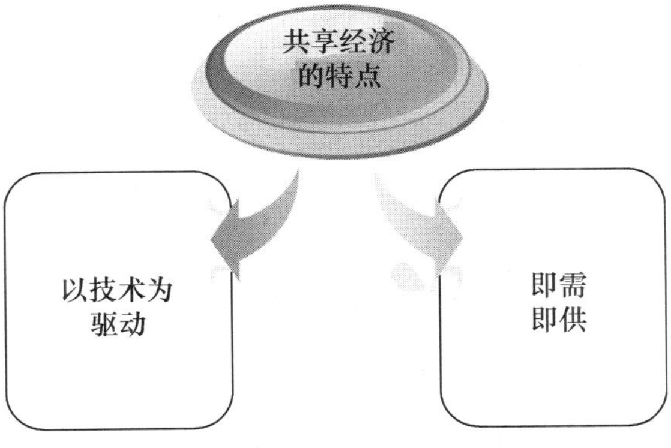

图 2-7　共享经济的特点

1. 以技术为驱动

共享汽车具备了强大的信息系统。其应用里的许多资产，如汽车、司机以及乘客，你会发现，我们和司机并不熟悉，全由系统匹配。

2. 即需即供

我们以前买一辆车，是自己的资产，只能自己使用。在“共享”模式中，你什么时候需要，什么时候就可以用车，这也是一种新的商业模式。

在这个发展迅速的新时代，企业模式创新一般需要经历以下 5 个维度，如图 2-8 所示。

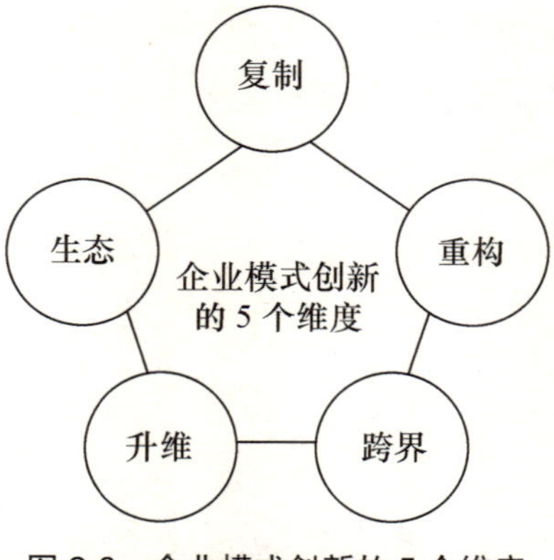

图 2-8　企业模式创新的 5 个维度

维度 1：复制。一般来说，企业在成立之初或追求快速盈利时，会选择复制优秀企业的商业模式，这种做法只能解一时之渴，企业要想持续发展，就要通过重构加以强化。过去，中国企业喜欢模仿别人，借鉴别人的创意与设计，现在这个办法随着知识产权被重视变得不可取，需要更高层面的创新。

维度 2：重构。企业模式重构，我们在前面已经讲过，企业模式重构有 9 个要素，任何一个或几个要素的调整都会改变整个商业模式，如果这种调整是比较剧烈的，那么这种改变就叫作商业模式的重构。运用好 9 个要素，就完成了企业商业模式的重构。

维度 3：跨界。企业模式重构后，企业在实施的过程中，根据不同的情况加以调整，调整到位，就像人体细胞，自我再生，跨界重生。打败我们的不是看得见的对手，而是那些跨界的力量，解决不同行业痛点最有效的方法是跨界，跨界包括定位跨界、产品跨界、渠道跨界、技术跨界、产业跨界等。

维度 4：升维。当模式重构完成后，企业生态系统会自动扩张，自己扩展自己。这个时候企业就进入一个“无人驾驶”的状态。这时标志着企业的商业模式设计完成，它从单维的关系上升到三维、四维、五维……维度越高，对其他企业进行降维打击的能力就越强，其他企业想和你的企业竞争就越来越困难。产业分为第一产业（农业）、第二产业（工业）、第三产业（服务业），如现代农业按服务业定位，即第一产业升维第三产业。

维度 5：生态。互联网的颠覆或发展，使商业模式和社会形态加速变迁。面对这样的变化和挑战，企业更需要在生态系统的高度上思考商业模式，不断根据自身成长和所处的生态系统位置，调整甚至变革自己的商业模式——不仅是客户、合作伙伴等外在的生态系统，还包括组织、员工等内在的生态系统。生态经济是当下最有壁垒的方法，腾讯、阿里巴巴、京东等都处于自我生态圈。

商业模式对全世界所有的公司都是一件非常重要的事情，而关于它的创新是很不容易的。实际上，商业模式创新是指企业价值创造提供基本逻辑的变化，就是把新的商业模式引入社会的生产体系，并为客户和自身创造价值。通俗地说，商业模式创新就是指企业以新的有效方式赚钱。新引入的商业模式，既可能在构成要素方面不同于已有的商业模式，也可能在要素间关系或者动力机制方面不同于已有的商业模式。

多年来，很多同行业竞争对手成为可口可乐的手下败将。直到前几年，一家以色列公司 Soda Stream 使可口可乐受到严重打击，这家企业的运作模式如下所述。

一台机器，旁边有个水瓶，还有苏打粉。当需要做汽水的时候，按一个按钮，苏打粉就会和水发生化学反应变成汽水。每个人喝汽水的口味都不一样，有的人喜欢柠檬味，有的人喜欢草莓味。这台机器里还有浓缩液，能够根据你的需求个性化定制，调成不同的味道。这家公司做得很成功，后来在美国纳斯达克上市了。

Soda Stream 一上市就抢了可口可乐的不少份额，可口可乐已经开始关注它了。后来这家公司还做了一个广告，在一面墙上放了许多瓶瓶罐罐，在另一面则放着它一台机器。广告词写着：一个家庭 5 年时间，需要消耗 1 万多个瓶瓶罐罐。如果是一位环保人士，看到这则广告就会想要买台机器取代瓶子，而不是消耗那么多瓶瓶罐罐。

可口可乐对这则广告进行了研究，试图找些疏漏来还击，后来发现广告上把可口可乐的商标露了出来，这就构成了侵权，属于不正当竞争。于是可口可乐就起诉这家公司，导致这家企业股票大涨。

这是因为小公司原本在小范围出名，可口可乐这样的大公司一起诉，就成了大家茶余饭后的谈资。后来消费者试用了产品，觉得还不错，该公司就更加出名了。

可口可乐只好不起诉，改成私下收购，然而这家公司不接受收购。这个消息一经传出，该公司的名气更大了，股票又是大涨。

Soda Stream 商业模式的成功，给了我们一些启示。

启示一：不能简单复制同一种商业模式

我国企业生产的各种饮料，如凉茶等做得不错，但是唯独可乐做不起来。这是因为中国做的可乐在与可口可乐竞争时，使用的都是一样的商业模式。

一样的商业模式，意味着接触的都是同样的利益相关方。如果小公司用大公司最熟悉、最擅长的套路参与竞争是很难赢的。

启示二：设计具有自己企业特质的商业模式

以色列公司 Soda Stream 用的是与可口可乐不一样的商业模式。当它卖了它的机器后，它还能够持续卖苏打粉、浓缩液等耗材。因为它的商业模式不一样，意味着接触的利益相关方与可口可乐不同。原先可口可乐在电视上、渠道上所积累的优势，面对这家小公司，优势也就不存在了。可口可乐的优势是基于自己的商业模式形成的。当两者商业模式不一样时，优势就无效化了。这也是通过商业模式设计可以达到的效果。

启示三：运用跨界创新自己企业的模式

Soda Stream 的商业模式在可乐这个行业称得上创新，但是放宽到整个商业范围，这种技术在咖啡行业比比皆是。这就是一种跨界打击，把其他行业做得非常好的方式应用到本行业。

由此来看，在研究商业模式时，可以多看看外面的世界，多借鉴其他行业，多尝试创新，才能让商业模式从复制的初级阶段升级到成熟的颠覆阶段，使竞争对手的优势无效化。

实操案例解析：在领域与产业价值链上做出创新的今日头条

今日头条提出的年度广告营收目标：2016年为60亿元，2017年为150亿元，2018 年预计在 300 亿～ 500 亿元。

2016 年年初，今日头条的 CEO 张一鸣在内部年会演讲时指出，希望能够通过 1/7 的媒体时长，通过更强大的广告系统、更强大的商业系统达到 1/5 的市场收入，希望 2020 年的市场收入能达到 100 亿美元。

张一鸣是一名纯粹的理工科生，他发掘了更迎合用户需求的新闻搬运、传播模式。今日头条的商业模式是广告，广告的基础是目标用户的媒体时长。这里面有两个维度，如图 2-9 所示。

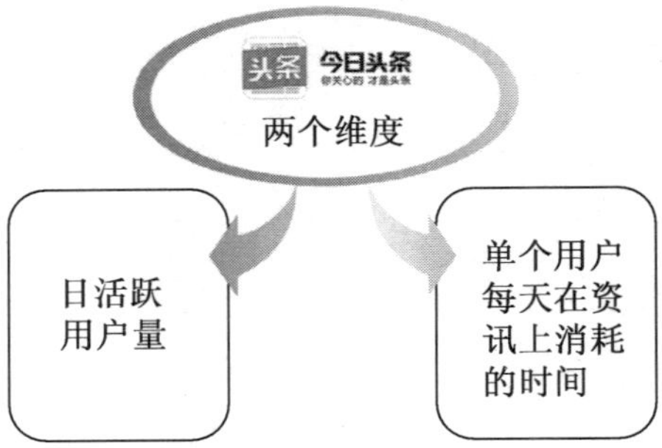

图 2-9　今日头条的两个维度

把图 2-9 中的两个维度相乘，就是整个今日头条单日的商业价值。

今日头条能吸引用户，在于其充分运用了用户的媒体时间。那什么是媒体时间呢？如果把聊天、电影、小说、游戏等排除在外，剩下的新闻、搜索、购物、短视频、图片、问答等全算媒体时间的话，目前我国大概有 700 亿分钟，每个手机用户平均亮屏时间大概是 3 小时，其中一半是媒体时间。整个资讯类应用大概有 2 亿的日活跃用户量，腾讯大概有 6000 万，今日头条有 4700 万，UC、QQ 浏览器、百度浏览器加起来大概有 6000 万～ 7000 万，剩下的是网易、一点资讯等公司。

今日头条的单用户每日时长是 57 分钟，假设达到 70 分钟，这个时间是 105 亿分钟，大概占所有用户移动媒体时间的 1/7。

今日头条通过大量的媒体时间，构建了一个广告系统，这个广告系统成为今日头条未来的商业化路径。媒体时间越长，其商业价值越大。从移动端的变现角度讲，所有依赖广告的产品形态，如门户、新闻客户端、社区等都是今日头条的竞争对手，因为广告的市场容量相对是固定的。这条逻辑已经在 Facebook 和如 Twitter、Linkedin 等产品的竞合关系中得到验证，虽然产品层面并非直接竞争，但变现层面属于直接竞争，且移动端广告系统的马太效应更突出。对标国内，今日头条的崛起如果发生在 PC 端，可能狙击它的是百度，但它发生在了移动端，所以狙击它的一定是腾讯。

分析今日头条的商业模式，具体来说，主要有如下特点，如图 2-10 所示。

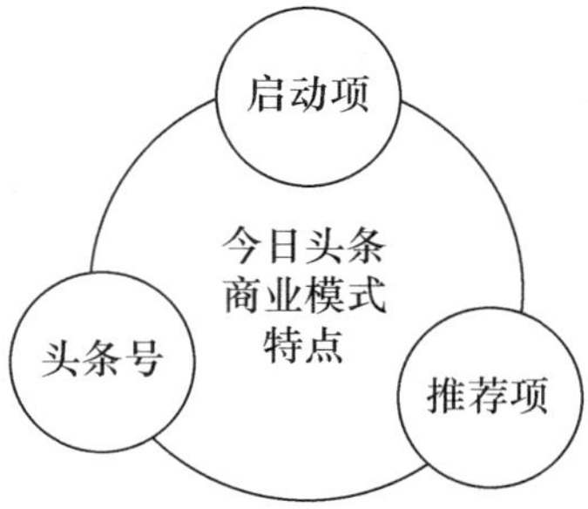

图 2-10　今日头条商业模式的 3 个特点

1. 启动项

今日头条的登录账号与 QQ、微博、微信绑定有很大的差异。今日头条在一开始就对用户轮廓有大致了解。例如：如果用户绑定了微博账号，今日头条就对用户微博账号建立一个“兴趣图谱”，根据用户在微博上发布的内容及其所属类别、用户自标签、社交关系、社交行为、参与的群组、机型、使用时间等数据源推断用户有哪些兴趣。

2. 推荐项

“你关心的，才是头条”，今日头条的核心是众所周知的个性化推荐。这种商业模式绝对是超前的互联网思维。从另一个方面说，基于此商业模式之上的是其创新点。头条的栏目中第一项是推荐，第二项就是热门。点开推荐项与热门项你会发现，即使是推荐项，把“其大多数推荐文章的评论数很多”改为“在短短两年多的时间内，就拥有了 2.2 亿名用户，每天有超过 2000 万名用户在今日头条上阅读自己喜欢的文章”。同时，推荐的颗粒度基本只停留在大分类或者常用的用户场景上，如视频、欧洲杯、视频、娱乐、科技、汽车等。从这一点来看，今日头条的推荐行为的出发点，除了用户关心的，社会热度也是其一大考量标准。

3. 头条号

今日头条的原则是只做新闻的搬运工。它一方面从各大媒体获得新闻，另一方面效仿微信公众号，搭建平台，吸引用户创造内容。这就是为什么今日头条的推荐文章很大一部分来自订阅的头条号。只要用户申请入驻头条号后，就能自己生产内容，这样能获取在今日头条 App 里被推送的机会。这种模式既能引入更多的信息源，又可以通过与个人合作，实现双赢。

梳理今日头条的商业模式我们可以发现："成功的商业模式"可进一步划归为"基于技术突破与创新"和"主要依托产业价值链融合与分解"两类，并在不同的领域与产业价值链条上做出了不同程度的创新。

本章思考

思考 1：什么是商业模式设计的核心？

思考 2：企业顶层设计对本企业的意义与价值是什么？

思考 3：什么是商业模式重构？

思考4：如何设计企业差异化定位？你的企业商业模式创新目前处于哪重境界？

第 3 章

模式创新，从颠覆到重生

移动互联网时代的商业变局

互联网和移动互联网时代的到来，让众多传统产业面临被颠覆、被推倒的困境。不少传统行业的从业人员面对行业发展极大的不确定性，内心陷入焦虑和徘徊的挣扎状态。的确，互联网和移动互联网时代带来了太多的变局，如商业模式、营销策略、管理方式，变化速度最快的则是商业模式。

不管是企业，还是个人，只要商业模式好，几乎不用投入太多的钱，就能够在短时间内盈利。

二手服装交易平台 Poshmark 旨在解决两个问题：让一部分用户处理高质量的二手服装；让另一部分用户以实惠的价格买到心仪的服装。与其他竞争对手如 The RealReal 的不同之处在于，在交易管理方面，Poshmark 不是中间人，而是让买家和卖家直接联系。

结果只用了 3 年时间，Poshmark 注册用户达百万，推出了 iOS 和 Android 客户端，90% 的用户使用手机客户端，90% 的收入来自手机客户端。

目前，平台拥有 70 万名卖家，交易物品有 25 美元一件的“快时尚”，也有 5000 美元一件的奢侈品包包，这点与 The RealReal 也不相同。平台上，卖家每天上架 200 万美元以上的新品，在任何时候待售产品都在 1000 万件以上，Poshmark 每天要处理数百万份订单。

Poshmark 从每项成功的交易中收取交易额的 20% 作为佣金，年销售收入达 2 亿美元。2017 年 4 月宣布完成 2500 万美元 C 轮融资，累计融资达 4720 万美元。

这就是互联网时代的商业变局，省去了找厂房、招工人、生产产品、分析产品用户等流程，只要你能把一套商业模式想成熟了，只需要一部手机，就能让你的企业运转起来并盈利。

一般来说，移动互联网时代的模式创新包括以下 3 点，如图 3-1 所示。

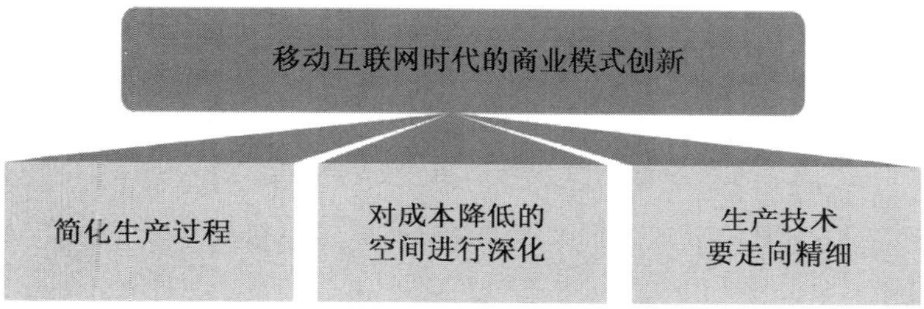

图 3-1　移动互联网时代的商业模式创新

1. 简化生产过程

企业的生产过程越专业化，其组织形式就会比复合式生产越简单，而管理也会越容易。有的企业在发展初期就急于向价值链两端扩展，结果把生产过程搞得复杂不堪，管理起来难以顾及全面，最终导致模式的贬值。

2. 对成本降低的空间进行深化

当企业生产决意走向专业化，其大多数成本会用在方案的开发和最初投入阶段，在模式方案成立之后，企业就能够进入不断复制的简单化过程中。这样，大规模生产就能启动，并让生产成本降低。而这也意味着企业在市场上打开销售渠道后，后期就不会有更多投入，这样，成本的降低就会被不断深化和重视。

3. 生产技术要走向精细

正因为生产精细，才能提高竞争门槛，使对手难以模仿和竞争。越是专业化的生产，越容易形成独占性的商业模式，从而出现几家大企业唱对台戏，商业模式形成壁垒，将其他企业屏蔽在模式之外的现象。这样，精细化的商业模式就能让厂商获得更大的定价权以及更高的边际利润。

实际上，不管在什么时代，对商业模式的创新，重在专业化、精深化，能够做到专精一门，才有可能“一招鲜、吃遍天”，而在竞争激烈的今天，商业模式的创新，不是灵机一动，而是在选定了正确的目标之后能不断从中看出竞争者看不到的东西、研究不懂的东西。

如产品的定位和设计应该划分得更加精细。企业应该选准目标用户，然后对产品做好体贴到位的设计和生产，开发用户最需要的功能。以洗发水为例，十几年前，洗发水讲究洗发、护法、保养、滋润等功能合一，大瓶装买回去洗用非常方便，而到了今天，仅仅一个海飞丝洗发水就有多种不同功能的产品，这就是做精细。

又如对产品用途和功能应该深化挖掘。如果不是“非常小器”，恐怕全世界也没人想到将用户名片印刷到指甲钳上，而梁伯强的商业模式之所以成功就在于这个“想不到”。事实说明，产品的用途和功能只有你想不到，没有你挖不到。同样的产品，有多种用途来满足用户的不同需求，而商业模式的创新，离不开对现有产品的潜力挖掘。

另外，产品的精深化并不能取代服务的精深。在商业模式的创新中，还必须重视服务，对服务水平加以提高，避免服务的同质化，做到服务程度和深度都能满足用户的需求。

此外，精深化的商业模式创新还重在落实。因此，商业模式属于顶层设计，强调布局；市场营销属于中层设计，讲的是产品、价格、渠道、促销（俗称 4P），故商业模式要落地，具体的营销环节同样也很重要。企业应该积极出动，建立市场前沿的销售体系，并利用这样的营销终端研究顾客、了解市场和搜集信息。为此，在创新之后的商业模式中，要注重更小的渠道单位、更灵活的利益转移方式，保证企业与用户、市场的联系能够更加紧密。

分析：新商业时代洗牌大潮

商业模式的概念在近年来越来越受到企业家的认可和重视，随之，人们也提出了这样一个问题：到底是简单的商业模式好，还是复杂的商业模式好？

的确，如果想要搞清楚怎样对商业模式进行创新，就应该先回答商业模式的简繁之辩。

如果按照近年来的“流行”观点来看，简单的商业模式越来越受到推崇，这一点很容易理解，能够采取简单的方法将钱持续赚到手，对谁都有很大的吸引力。

一句话能说明白的商业模式就是好模式，简单极致的商业模式，加上一条有效，那就是具备控制力，体现在企业商业实践中有定价权、议价权或软实力。

作为私人定制的龙头企业，红领集团于2015年获得复星集团30亿元投资，并多次登上《新闻联播》。红领集团的成功在于在新商业时代下，创新了其持有的商业模式。

红领集团投入数亿元资金，建立了目前全球独一无二的个性化定制平台——C2M平台。该平台拥有效率高、成本低、质量稳定等特点，完全改变了传统的B2B大规模订单生产模式，7个工作日即可交付完全符合用户需求的成品。过去只有少数人穿得起的贵族定制，通过这个平台变成了多数人付得起的大众定制。

红领集团的C2M平台实际上是Customer（消费者）直接面对Manufactory（制造商）的一种商业模式，在这样的模式中，没有中间环节。C2M平台是一个系统思维，包括前台的市场拓展系统、后台的保障系统以及中间的大客户系统。与传统商业模式相比，它是一个完整的价值链再造，无论是研发、制造、物流还是服务都发生了根本性的转变。

红领集团的商业模式，颠覆了传统服装企业的经营模式。由于其个性化定制对供应链系统、研发设计系统、生产物流系统、客服系统的要求非常高，特别需要快速的反应能力，所以整合内外部的资源成为红领集团经营的关键。红领集团通过整合面辅料供应商、设计师、物流配送企业、干洗店等资源，打造了一种模式工厂，并以招募加盟工厂的模式进行复制。这些加盟工厂免去了市场开拓这个环节，享受了红领集团的供应链以及高于传统企业一倍的利润，且没有资金和货品积压，运营简单，实现了“利润共享”。

更重要的是，因为直接面对顾客，红领集团有条件运用大数据、云计算、物联网、智能化的方式，打造了数字化大工业的 3D 打印模式，建立了个性化、差异化、国际化、数字化的服装全定制工业化流水生产方式，提出服装定制的全程解决方案，这种直销模式彻底颠覆了传统服装企业的商业规则和经营模式。

长久以来，传统服装制造企业的老板在和中间商、代理商合作时，常常做着费力不赚钱的工作。而红领集团打造的 C2M（从顾客到厂商）模式，建立了直接面向顾客的生态体系，并用 3D 打印等智能化生产，实现了产品个性化的制造。“使用智能化生产后，红领集团发现服装制造业的利润其实是很高的。”

实践证明，运用红领模式，企业只需要增加软件和信息化等软硬件设备的更新升级，进行一定程度的流程再造，就能够大幅度提高传统企业的效益，具有很高的复制和推广价值，适用于众多行业，可以引领制造企业实现真正意义上的转型升级。

移动互联网时代创新的商业模式比较简单，就是在模式上进行流程再造，主要特点如图 3-2 所示。

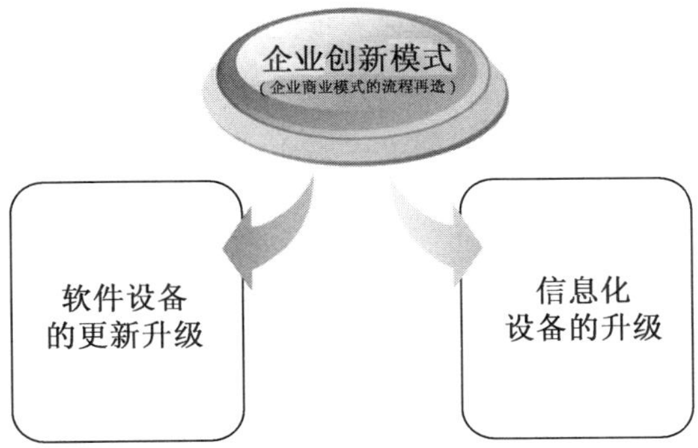

图 3-2　企业商业模式的流程再造

在创新的商业模式中，韩都衣舍是一个淘宝服饰品牌，其主要业务是淘宝海外代购。拥有自有品牌 18 个，合作、运营品牌超过 50 个。韩都衣舍涉及服装、内衣和女鞋，开拓的商业版图很大。韩都衣舍电商集团 2017 年“双 11”销售额达到 5.16 亿元，再创历史新高峰！这也是韩都衣舍连续第四年夺得互联网服饰品牌销售冠军。

韩都衣舍能够在新商业时代创造销售佳绩，与其创新的商业模式有着直接关系。

2008 年，韩都衣舍还只有一个品牌，韩风快时尚女装 HSTYLE。随着公司小组制的不断发展成熟，在 HSTYLE 的品牌运作中，韩都衣舍逐渐摸索出一条适合互联网时尚品牌孵化、运营的路子：以产品小组为核心的单品全程运营体系，并在此后的品牌运营战略中，不断对其加以完善。2012 年，韩都衣舍孵化出第一个子品牌——韩风快时尚男装 AMH，并成功收购原创设计师女装品牌素缕，正式进入多品牌运营阶段……时至今日，韩都衣舍早已进化为国内最大的互联网时尚品牌运营集团之一，旗下已拥有 28 个品牌，分为韩风、东方风和欧美风三大风格，覆盖服装全品类，每年能够上线 3 万款新品，供消费者挑选。

作为一家“互联网＋服装行业”的创新型企业，韩都衣舍的小组制是把传统服装行业的组织框架不断打散、重构的动态过程。在传统的服装企业中，设计师、视觉传达、市场推广、库存生产分属于不同的部门，围绕着产品展开各自的工作。虽然责任分工明晰，却很难培养出具备经营理念的“领导者”。

韩都衣舍把产品设计、页面制作、货品管理等业务流程中的非标准化环节进行“3 人打包”，整编成为一个小组，需要对产品设计、推广、运营、维护的全流程负责。这样，虽然每个人都有自己独立的岗位，却又相互联系，每个人并不只是做完自己的工作就可以了。对小组内的每个人来说，对方的工作也是自己的工作，当 3 个人都拼尽全力为了同一个目标奋斗时，每个人的价值便得到了最大程度的体现。

目前，韩都衣舍有近 300 个这样的“自主经营体”，在最小的业务单元上实现着作为经营者的“责”“权”“利”的统一。“责”，指由小组承担产品销售额、毛利率与库存周转率的相应任务；“权”，指由小组自行决定款式、尺码、库存深度，甚至是基准销售价格与营销活动；“利”，指小组收益完全与产品销售情况挂钩，利润＝销售额 × 毛利率 × 提成系数。

“责”“权”“利”的高度统一，使小组内每个人的成长都呈现出日新月异的状态。小组内，往往是一个组长带两个组员。当组员慢慢成长起来，想自立“门户”时，原小组就会分裂出新的小组。这样把公司变为平台、员工变为创客，通过机制把大家连接在一起，实现共赢。

正是这样的不断分裂、成长，再分裂、再成长，为韩都衣舍的互联网品牌孵化奠定了基础。韩都衣舍就是用这个模式，实现了飞跃式的增长。

实际上，任何商业模型本身都有很多需要探索的空间，上面的案例说明一个事实：商业模式是简单化还是复杂化，答案并非唯一，而要看具体的需求。只要能够满足用户需要的价值并能用正确方式为其提供价值，这就是商业模式创新应有的走向。

方法 1：去中间环节

谈到商业模式的创新，许多在做企业管理的高管似乎更有发言的资格，他们会觉得自己对企业所做出的改变就是对商业模式的创新。但是，这样的认识并不完全充分。的确，企业领导者对企业现状的革新包括了创新的因素，但更多情况是，这种“创新”并不是对商业模式的创新，因为他们没有掌控规则。

我们必须看到，中国中小企业 90% 以上在别人规定的规则下生存，很多新崛起的企业之所以能够向原有领先者发起挑战，绝不是因为它们做了一些零打碎敲的改变，而是因为它们发现、认识并掌控了新的规则。但是，如果它们满足于已有的成功，就有可能被原本默默无名的企业再次利用新规则打败。

掌控规则是很重要的。企业家如果只是单纯做管理，那么，其价值恐怕和一个部门经理的区别不大。不少企业家对企业经营改进的看法太简单，以为只是进行质量管理、绩效管理、目标管理、成本管理等即可，但最终这些管理只是对企业经营效率的改变，它们对企业提供价值及提供价值的方式究竟有多大的改变，消费者看不出来。这最终会让企业陷入僵化，虽然从决策到执行会变得越来越娴熟，但是固有思维也随之开始形成，新的创意和动力太少。

正因为如此，商业模式的创新意味着对原有规则的改变乃至颠覆。当规则改变后，商业模式能够在经营活动、执行方式等方面重新定义，并和其他竞争对手形成显著差异。否则，就谈不上创新。

2017 年，秦皇岛的一家生产水饺的工厂引起了人们的关注：在几千平方米的厂房里，干净整洁，机器 24 小时工作，却没有一个员工。

从和面、放馅再到捏水饺，全部是机器人完成的，形成了一条专业的流水线：柔软的气动抓手，能安全抓起特别柔软的饺子，而且从抓取到安放定位精准；-50℃的速冻，流水线上的机器人能自如应对塑封速冻饺子；电脑计件分拣机器人具有带吸盘的抓手，也不会损坏脆弱的速冻饺子；包装码垛机器人，重复简单的动作不停歇——这家震撼大众的无人车间就是某速冻水饺工厂的生产车间。

该工厂的工人只有不到 20 人，大部分工作是在控制室及实验室中完成的，工作效率大幅提高。这里没有了埋头包饺子的工人，取而代之的是不停往返的机械手以及地表穿插有序的轨道。

以前整个工厂需要 200 个工人，现在生产相同产品的工人却在 20 个以下，也就是说，“无人工厂”压缩人工达到了 90%，即将成为名副其实的“无人工厂”。

随着中国互联网的高速发展，任何行业都在往智能的方向发展，很多企业都在践行着智能化的改造，一步步让中国的工厂变得更先进、更安全。未来几年，大部分的商业逻辑会重建，大部分的传统企业会从头再来，以智能机器为代表的第四次工业革命正在来临。

“互联网 +”时代到来，“无人化”让我们看到了“互联网 +”的巨大能量以及商业模式创新的深刻影响。互联网革命，是新技术带动新模式，新模式引发新思考。互联网经济呈现井喷发展趋势，相应的互联网专业人才需求巨大。

日新月异的技术，不断涌现出新的商业模式与商业场景，无人工厂就是技术进步的产物，给人带来了一种全新的工作体验。无人工厂的商业模式，就是去除了中间的环节，在这方面，与我们上一节提到的红领集团、韩都衣舍用的模式有些类似，唯一不同就是，无人工厂的商业模式完全靠着先进的技术。

企业家对商业模式的创新，是对企业生存平台的改变，是制造一种新的游戏规则。因此，成功的创新者必然是制定和拥有规则的人。当他们改变思维并且打造出新的规则时，参与这种商业模式的人、投入资源的人就会越来越多。

向既有的商业模式发起挑战，企业家需要主动求变，从而获得改变规则的可能。我建议企业家从下面几个方向尝试改变规则，如图 3-3 所示。

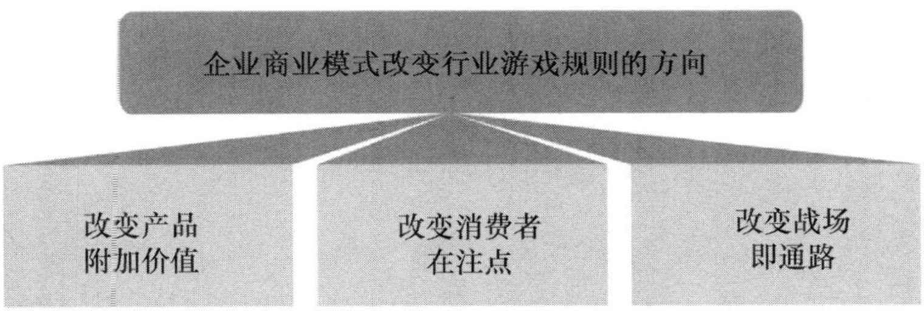

图 3-3　企业商业模式改变行业游戏规则的方向

1. 改变产品附加价值

从商业角度来看，无人工厂最大的优势是利用先进的技术，替代人力劳动，从而达到节约人力成本的目标。通过对市场进行细分，对用户进行精准定位和需求预测，积极转变产品附加价值的内容和传递方式，企业家就有可能成功挑战既有规则，打破竞争对手先入为主的优势。

2. 改变消费者关注点

在原有成功模式的影响下，消费者对产品的关注点是固定的，但是，如果你推出的新规则能够成功吸引他们的注意，就能让新规则获得成功。

商业模式的创新，必须发现目标消费者的不同偏好，然后引导他们重新选择。这样，他们能够很快接受规则的变化。

3. 改变战场即通路

如果让拳击手躺下对打，那么很可能就会变成搞笑的表演，这是因为他们的战场不在原先熟悉的地方了。同样，作为商业模式的创新者，你不能只是在对方“规定”的市场中和他们竞争，因为你获胜的可能性很小。所以你应该专注于其他业务，将对手拖到自己的战场里，这样，他们原有的规则优势、资源优势有可能不复存在，甚至和你拉开很大的差距。

企业家对规则的破坏，多多少少需要一些艺术气质。贝多芬说过这样一句话：“规则都是用来打破的。”毕加索也有类似的名言：“想创造，先破坏。”他们都是破坏原有规则的高手，也正因为如此他们才能成为大师。同样，一切商业模式的创新，都意味着对现有规则的挑战，虽然并不是每位企业家都敢于这样做，也不是每位企业家都必须这样做。但要想让你的企业成功持续地赚钱，你必须考虑在合适的时候掌控新规则，而不是坐等机会。

一个人的命运由性格决定，一家企业的命运由规则与程序决定，这正是商业模式创新的精髓，改变行业游戏规则、交易资源配置及服务流程会得到事半功倍的奇效。

方法 2：关注用户使用权而不是所有权

企业对商业模式的创新，包括了对原有规则的破坏和颠覆。但企业家应该注意，这并非意味着对既有模式的完全舍弃，而是应该对那些原有模式进行充分的发现、传承，并进行再加工和重建。这个过程既包括推翻，也包括认可；既包括舍弃，也包括学习。只有在对原有模式不断学习的基础上进行改进和创新，企业家才能不断创造新的优秀商业模式。

另外，企业家之所以要有这样的努力过程，是因为商业模式本身是不能复制的。企业家不可能拿别人的商业模式直接用来盈利，不少企业曾经直接把国外的商业模式套到中国来使用，这在过去可能会取得成功，但在竞争激烈的今天，成功的可能性变得越来越小了。

对传统商业模式的继承和吸收，最重要的部分在于拒绝单纯抄袭。如果企业没有理解已有商业模式的运营理念，而是单纯从模式的外观上进行复制，是必然要失败的。因为企业没有深入模式的内核，如深度了解其价值体系、其资源运用的方式和组织结构的设计理念等，很难获得成功。

可以看到，即使是过去那些成功的“模仿”案例，成功的关键更多在于企业做到了根据自身情况进行改进和重构。因此，这些“复制”过程本身已经加入了企业自身的思考和创新，这些新的商业模式已经根据企业自身的情况和面对的用户，做出了充分的改变。

但是，改变意味着发展和传承既有的商业模式，而并非凭空想象。企业家不可能在毫无基础的情况下开始一种新的商业模式，否则这种尝试很可能变成“盲人骑瞎马”似的乱闯，并带来很大的风险。

同样，即使是许多看起来相当新颖、相当“冒险”的商业模式，在本质上还是吸取了传统商业模式中的优点因素并加以发扬。这是因为创造者懂得怎样观察已经获得成功的企业，并按照其商业模式中正确的轨迹做进一步提升。新的企业家需要从不同程度上学习和借鉴这些成功的榜样，并按照自己面对的实际情况总结经验，进行更加灵活的操作，才有可能获得成功。这种经过再加工和重建的商业模式，很可能会比原有的商业模式更加出色。

由此可见，商业模式的创新既需要发现旧有经验，也需要对旧有经验进行创新式的吸收。

2016年4月1日，在第二届深圳论坛·聆听大师之“洞见由‘必然’的未来”活动上，被誉为“硅谷精神教父”的科技预言学家凯文·凯利预言了未来的12个趋势，指出资源的使用权将比所有权更重要，人们会通过获得服务的方式取代“占有”实物，并强调“共享经济”领域还有很大的进步空间。未来，闲置资源的共享将成为大势所趋，如汽车共享的凹凸租车等模式会成为工具型产品，变成人们日常出行的重要组成部分。

凯文·凯利认为，“使用”这个趋势虽然过去已经存在，但未来会变得越来越重要。拥有物品的情况将转变为非拥有，而是使用这个物品。

例如：全球市值最高的零售商之一阿里巴巴，没有一件商品库存；全球最大的住宿服务提供商之一Airbnb，没有任何房产；全球最大的媒体公司之一Facebook，没有一个内容制作人；全球最大的出租车公司之一Uber，没有一辆出租车。互联网时代的最佳商业模式已经不是自有体系，使用权比所有权更加重要。

凯文·凯利指出，按需经济时代的到来，根据需求创造经济，是未来的趋势，人们可以通过取得服务的这种方式取代拥有实物。而汽车共享也是让人们通过共享获得汽车的使用权。

截至2018年6月底，全国私家车保有量达1.8亿，全国机动车驾驶人数量已达3.96亿。

凹凸租车模式是汽车共享的典型——P2P租车模式，即平台对接车主和租客两端，由车主提供闲置车源、消化车辆供给，平台进行品控、保险保障及增值服务，帮助租客找到理想车型，并使车主获取闲置车辆的出租收益。

凹凸租车模式打破了传统租车公司车型单一、高客单价、高运营成本以及车源供应量有限等局限性。凹凸租车属于“轻资产”模式，实体不拥有任何车辆，整合和利用的是私家车资源，租金比传统租车公司低 30% ~ 50%，车型超过 1 万款，同时提供更具弹性的车源供给量。

通过对价格、车辆品质、服务流程等严格把控，整个租车过程实现去人工化，凹凸租车模式带来的高价值强度租车服务将有望引导用户进一步形成“使用权”优于“所有权”的观念。未来，汽车资源的共享将更符合社会经济发展，减少闲置资源的浪费，成为可持续的资源利用方式。

目前，共享经济模式促使移动出行市场全面爆发，市场竞争加剧。历经专车、拼车大战之后，凹凸租车等 P2P 租车行业或将成为移动出行市场的下一个引爆点。

对大部分企业来说，商业模式中的核心竞争优势，就是对已有的商业模式进行再加工和重建，应该从以下方向展开，如图 3-4 所示。

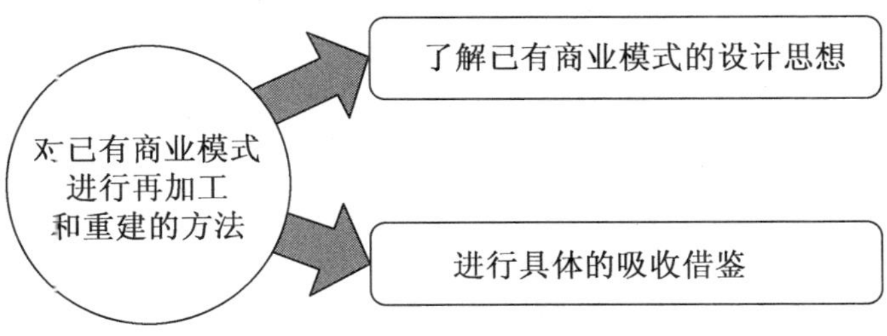

图 3-4　找出商业模式核心竞争优势的方法

1. 了解已有商业模式的设计思想

企业要学习特定的商业模式，就要了解其模式的设计思想，这样才能真正弄清楚隐藏在模式表面下的设计本质，从而获得进一步创新的理论基础。

2. 进行具体的吸收借鉴

这样的过程分为以下 3 种。

第一种是全盘吸收复制，即将优秀的商业模式直接拿来使用。当然，这些商业模式主要是国外的，因此国内企业需要结合具体国情和市场特点对此进行改变和调整。但这种方式马上带来成功的可能性正变得越来越小，更多适用于具有相同细分市场、相同产品的企业，或者直接将竞争对手的商业模式拿来套用。如果要采用这种方法，就应该把握好速度，快速捕捉和吸收并加以复制使用。

第二种是借鉴和提升式的复制，即学习和研究已有的商业模式，并恰当挑选和提炼其中的核心内容、创新的概念，并参照自身找到不同之处，结合创新点应用到自身的模式中；或者采用延伸扩展的方式，将成功的商业模式主体框架运用到不同的细分市场中，从而找到尚未开发过的“空白”，让企业获得更强的竞争力。

第三种是整合和创新式的复制，即基于企业目前的模式优势，对其他商业模式的优点进行整合创新，让企业能够在产业链上下游进行扩张，构建竞争的壁垒，阻止竞争对手进入。这种方法更适用于那些行业或者细分市场的领导者。

总之，对商业模式的创新，除了关注本企业自身做出的改变之外，还应该积极从竞争者、领先者的商业历史中寻找独特的商业模式。同时，还要关注其他企业对商业模式的创新和改进，这样才能做到在第一时间获知商业模式的最新变化，以便融入本企业的商业模式构建中。

所以，一些有条件的企业应主动建立监测机制，对全世界范围内相关的重要商业模式进行跟踪，一旦发现机会，就要进行学习、改进和重建。当然，企业还应该注意到，商业模式的设计过程本身也是相当复杂的，直接形成最优化的模式并不容易，还需要进行不断的设计优化，而这样的过程更考验企业改进和吸收的能力。

从微博到微信，微创新已成为现代企业竞争的法宝，怎样快捷实现从发现、传承到再加工、重建，不是要大家简单复制，而是要考虑时间、空间与用户感知等因素的变化。只有抵消了这些因素，商业模式创新才有创新之源、模式利润之本。

方法 3：嫁接新技术，共享应用平台

“战略回答钱在哪里的问题，就是所谓选择、方向与定位问题，而商业模式告诉你如何拿到这些钱，包括持续拿到钱。”这是我在对企业家做商业模式训练时，强调最多的一个观点。而这个观点在我们对移动互联网时代下商业模式进行观察时，能够得到更加清晰的展示。

随着全球性电子消费的高涨，计算机网络和个人通信两大领域不断融合。原本由传统电信运营商、设备制造商所打造的壁垒已经开始消失。

截至 2017 年年底，互联网普及率达到 55.8%，智能手机保有量上升到 13.2 亿台，网民规模达 7.72 亿人，使用手机上网的人群在网民中的比例提高到 97%。在移动互联网时代，新的商业模式类型将不断占据主导地位。而想要弄清楚移动互联网时代中哪些商业模式将更容易获得充分的竞争力，则应该从诸多 App 产品开始入手。

移动互联网产品，意味着移动通信和互联网产品的完美结合。显然，移动互联网产品无法离开移动网络、移动终端、产品应用和相关服务 4 个方面。其中，产品应用和相关服务是移动互联网产品的核心，而移动网络和移动终端是相关的载体。

如果将这些因素进行分类，还能够将之分成核心产品、形式产品和心理产品 3 种类型，如图 3-5 所示。

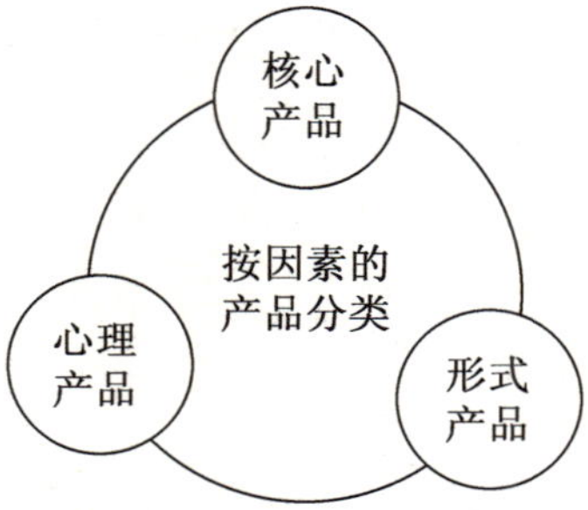

图 3-5　按因素的产品分类

核心产品意味着在移动互联网时代，消费者购买了某种产品以后所获得的特定价值。这种价值可能是具体的实物，如某种类型的智能手机，也有可能是某种服务，如微信这样的软件。

形式产品是核心产品所具体发挥价值作用的载体和形式，包括移动终端、移动网络等。对终端产品或者网络产品而言，用户的价值需要主要从它们的产品质量、外观、服务水平、品牌效应等获得满足。

心理产品是指在移动互联网时代，产品的品牌和形象对用户心理需求的满足。在移动互联网产品的消费过程中，人们越来越注重自身的心理需要是否获得满足。例如：选择不同的终端、不同的软件应用等，就是对用户不同心理需要的满足。

当然，如果从产品的收费类型来看，还可以将移动互联网中的产品分为免费类和收费类，其中前者大多数是满足大众需求的，而后者是满足小部分用户需求的产品。

虽然移动互联网的产品在表现形式上和传统产品有所不同，但就商业模式的本质而言，对用户价值需求的满足依然是打造移动互联网时代商业模式的核心。

那么，如何才能在移动互联网时代打造出富有竞争力的商业模式？企业应该明确抓住影响移动互联网商业模式盈利的因素。这些因素包括以下几点。

第一，用户规模和流量。众所周知，如果缺乏足够的规模和流量，移动互联网产品很难获得盈利。在这方面，腾讯是个典型的例子。腾讯之所以能够如此成功，就在于其利用自己对即时通信软件的垄断，获得了规模惊人的用户和流量。这样，腾讯无论发展怎样的新移动互联网产品和服务，其绝对基数都是相当惊人的。腾讯的成功对新的移动互联网企业能产生充分的示范作用：只有聚焦自己的业务发展重点，通过对市场的培育，并做大规模、做大流量，你的商业模式才能有盈利的基础和可能。

第二，用户的消费习惯。随着移动互联网时代的到来，用户习惯免费的时代即将终结，而付费的时代将会不可避免地来到。当然，如果企业的商业模式不能纳入有效的环节让用户习惯消费，付费时代也有可能遥遥无期。为此，在移动互联网的商业模式中，要注重为用户提供差异化和有吸引力的产品与服务，要让用户有更好的体验并愿意为之付费，要集中到那些拥有较低价格敏感度的用户上，探索出适合企业自身发展的收费渠道。

第三，产品和服务的吸引力。移动互联网企业和传统企业的差异在于，企业能否提供足够新的产品或服务，这决定着企业能获得多大的直接利润和广告收费等。例如：微信小程序现在拥有9亿的用户量，差不多已经成为全球爆款的应用软件了，目前很多平台也推出了自己的小程序。

因此，只有当移动互联网商业模式中的产品创新、业务创新建立在巨大的用户数据上，并能体现出互联网移动终端用户的独特需求时，才能让新产品的应用与新的模式充分结合，并获得持续的发展。

1. 平台的延伸

移动互联网的商业模式和传统互联网的商业模式并没有本质的区别。如果一定要从移动互联网和传统互联网的商业模式中找不同，那应该是整个模式的载体发生了变化。但是，载体的变化并未导致互联网平台的变化，只是互联网平台的延伸。例如：以前人们基本只用个人电脑上网，而现在将一半的上网时间花在手机等移动终端上。即使将来发展为大多数时间在手机上使用互联网，但企业要考虑的还应该是互联网商业模式的本质属性，而不应该盲目寻求对所谓传统互联网的颠覆。因为就整体而言，互联网的用户始终是增长的，这才是商业模式应该关注的价值需求对象。

2. 移动互联网时代的商业模式将带来新的思维

与传统商业模式相比，移动互联网商业模式最突出的特点在于其思维的不同。

传统商业模式通过出售产品或者服务获取利润，这种模式在人类经济生活中延续了数百年。传统商业模式的思维是注重规模、成本、产品质量或边际效应等。但如果以移动互联网时代的思维观察传统商业模式，我们就能发现，在这样的商业模式中，无论进行怎样的市场调研、用户反馈，都不能做到对用户的深入观察和了解。

但是移动互联网时代下的商业模式可以轻松做到这一点。它能够通过对流量的计算、对用户的个性化观察，降低用户的获取成本。这样，用户的价值需求会得到更大程度的尊重，用户会以更低的价格获取商品。只有这样，移动互联网的商业模式才得以生存和发展，并获得成功。

移动互联网的思维模式具有强大的主导力量，因此，如果企业不能意识到这一时代的到来并主动进行调整和适应，将受到很大的冲击。

如今，云计算、大数据、SVS、App 等正成为这个时代的“新标签”，移动互联网时代的商业模式创新离开了这些，将像天使折断了翅膀，无法在未来的竞争中自由翱翔。

实操案例解析：颠覆传统销售模式的肆拾玖坊

肆拾玖坊是肆拾玖坊（北京）电子商务有限公司旗下的品牌，该品牌创立于 2015 年，在半年内就实现了盈利，到目前为止，月度销售额成倍增长。

肆拾玖坊是诞生在移动互联网浪潮、社群经济背景下的一家“互联网 +”创业公司。与传统企业不同，肆拾玖坊是用“宗式众筹”的方式建立的，没有绝对的主人，只是一个中年人联合其他人创业的故事，从最初的 1 个人到现在的 4000 多名股东，在不到一年的时间里，肆拾玖坊就在全国 25 个省市建立了分公司，有近 570 个专业社群，现在已有 700 个社群。

要成为肆拾玖坊的众筹股东，除了 1 万元以上的投资额外，还要从心底认同肆拾玖坊。

肆拾玖坊商业模式的独特之处体现在“创新”上，在企业创建之初，肆拾玖坊既提倡互联网时代的平等与创造，又提倡中国的正义与正气。

肆拾玖坊接下来还会继续运用移动互联网、社群经济、众筹模式进入其他领域，如茶叶、食用油等。

分析肆拾玖坊的商业模式，不难发现，其采用的是“两级众筹”方式，关键在于以下 3 个方面。

1. 去中间化

把白酒销售环节中的各级代理商悉数砍掉，将渠道成本降到最低，用户得到最低的价格，这是颠覆传统销售模式的关键所在。

2. 众筹入股、建立分舵

股东享有公司的股权分红和资本溢价，同时被赋予一定的销售目标，这样便于迅速在全国铺开市场。

3. 扁平化管理

总部到分公司只有两级，中间不设层级，在同一个省甚至可以建立几个分公司，形成良性竞争机制。

肆拾玖坊的商业模式，再次表明成功的商业模式是有共通之处但又不尽相同的。相似之处在于创新性地把内部资源、外部环境、盈利模式、经营机制等有机结合，不断提升自身的价值、协调性、盈利水平、风险控制能力、持续发展能力与行业地位。不同在于每种成功的商业模式都是在特定条件、环境下的成功实践，无法被简单复制，具有其特殊性。

任何企业要想创新商业模式，不但要研究商业模式，还要懂经济法则、懂社会潮流、懂人文需求，更重要的是，要在借鉴的基础上加以创新。只有创新，才是商业模式中商业智慧的核心价值。

本章思考

思考 1：在“互联网 +”背景下，新技术对传统商业有什么改变？请写下 3 条最大冲击。

思考 2：你的行业最大的痛点是什么？

思考 3：在用户主权时代，用户有什么新需求（重点是精神方面）？

思考 4：传统企业如何有效嫁接、主动拥抱新技术？

第 4 章
独特模式造就企业高颜值

改变世界的“三驾马车”——新思想、新模式、新技术

商业模式的灵魂在于其具有前瞻性，也就是说，商业模式是用未来的思维解决企业今天的问题的最佳手段之一。

企业独特的商业模式，一方面要能够清楚、简单地表述出来；但另一方面，又不应该被竞争对手迅速想通、想透。这意味着优秀的商业模式就是“一句话说明白，一下想不到头”。

任何一种商业模式，一旦形成，就和企业长期的经营紧密联系。独特的商业模式是和企业的长远目标挂钩的。当商业模式成形之后，会影响企业长远的运营机制。

曾被李宁公司以千万低价分拆的中国动向，脱离李宁后仅用 3 年的时间便实现了身价 3000 倍的增长，创造了当时体育用品界的传奇。

中国动向的传奇得益于中国动向革新原有的商业模式，用思路改变了企业的出路。一是通过对市场与环境的系统分析，变革产品定位，将旗下 Kappa 运动产品时尚化，改变当时传统运动装宽松、刻板的款式，在市场上独树一帜；二是改变经营模式，做出了将赊销改为代销的重要决定，并且深谙商业模式要素控制力之道，牢牢把握品牌使用权。

所以，企业要构建独特的商业模式，需要企业领导者或经营者先具备前瞻性的眼光，只有眼光长远，才能够站在时代的前沿，引领企业独特的商业模式。

一般来说，企业独特商业模式的特点，如图 4-1 所示。

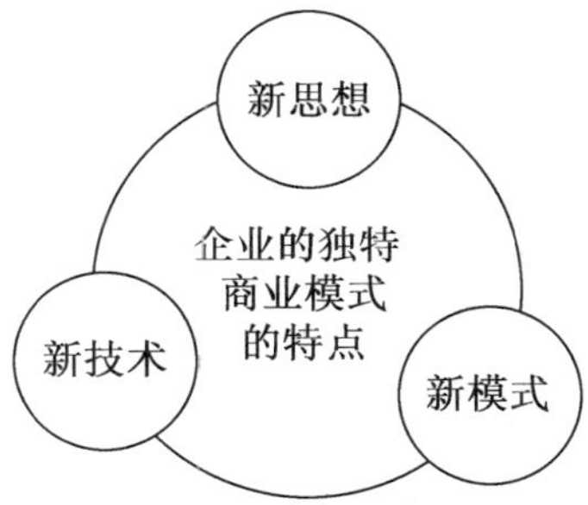

图 4-1　企业的独特商业模式的特点

1. 新思想

这是一个观念领先的时代，没有传统的产业，只有传统的业态；没有传统的业态，只有传统的模式；没有传统的模式，只有落伍的思想。在新经济条件下，第一位的就是思想，如果说创业是最大的创新，那么创新就要从想法开始。而商业模式概念验证实验室的价值主张，就是新思想。

企业的领导如同开动一艘大船，一旦船开动，就不能频繁改变航向，否则就会偏离应有的方向。因此，当企业确定运营机制后，应该用独特的能力手段吸引相关利益者，并保证盈利。不过，这还只是商业模式为运营机制提供的眼前利益。

我所指的新思想包括交易思维、系统思维、未来思维。所谓交易思维，它不同于买卖思维：交易思维具有契约关系、涉及多方（三方以上）、价值化、共赢、长期五大特征，培养的是企业家；一手交钱一手交货、薄利多销、只思考成本和自我利益等是典型的买卖思维，培养的是商人。未来思维包括互联网思维，是站在未来的角度思考今天。未来思维之所以重要，是因为新时代需要更多新思想，有一句名言：思想有多远，就能走多远！思路决定出路！

2. 新模式

在竞争日益加剧的时代，企业要想有生存空间并持续盈利，必须依靠系统的安排、整体的力量，善于整合内外部资源并且创造新的需求模式，即商业模式（商业模式就是公司赚钱的途径或方式）的设计。

相对于眼前利益，商业模式更重要的价值在于其发展的前瞻性，也就是商业模式能够保持多大和持续多久的活力。企业要想获得这样的活力，不仅要在动态的环境保持商业模式的灵活性，及时修正和快速适应，还要在制定和运用商业模式时，具有更高远的起点、更长远的战略规划。总之，企业对商业模式的设计要具有适用性和有效性，从而达到持续获利的目的。

企业在设计商业模式时，一定要像那些棋力高深的棋手一样，不仅能看到当下一两步的棋路，还要着眼于整盘棋局，从中发现企业未来的格局布置，然后针对格局找到其中属于未来的盈利点。盈利点对一个商业模式是极为重要的，盈利点越多、越持久，才越有可能保证企业的利润，从而保护企业的商业模式。

3. 新技术

对企业而言，形成竞争优势意味着企业在技术上的不断发展和创新，即推出改进型和创新型产品，适应越来越细化的市场需求。现代企业制度体现的是企业资源配置的高效率，而这种高效率能否充分发挥，主要依靠企业技术的发展。

由此看来，企业独特的模式必须具备新思想、新模式、新技术，这样才能“以新思想驾驭新模式、以新模式架构新技术、以新技术衍生新业态”。

商业模式的思维特点：能够把用户的一次性购买行为，变成他们的终身购买行为，就是**把一生一次的生意变成一生一世的生意。生意就是生生不息才有**

意义。想要获得这样的思维，就需要企业商业模式的设计者能够拥有更高的视角、更宽广的思维。

下面的 3 个要点，揭示了成功商业模式的内涵和运作方式，能够将你的商业模式变成持续的收入，如图 4-2 所示。

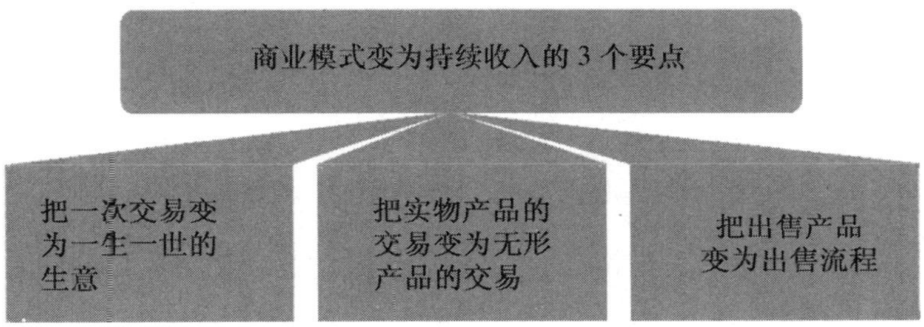

图 4-2　商业模式变为持续收入的 3 个要点

要点 1：把一次交易变为一生一世的生意

你在设计商业模式时，应该从购买产品的用户的角度出发，设身处地地对他们所需要的服务和利益进行考察，尤其要关注他们所需要的、可持续且定期的服务和利益。然后，将这些服务和利益纳入你的商业模式设计的框架中。这样的商业模式将会比只注重短期销售的商业模式获得更多倍数的收益。例如：卖设备变为送设备，卖房子变为租房子，空调免费安装靠节省能源分利（EMC 合同能源管理模式），赚耗材的钱、会员制等就是最好的实践。

要点 2：把实物产品的交易变为无形产品的交易

把商业产品或服务中的相关知识体系整理成套，并将企业的服务定位为对知识的教育、普及和推广。如果企业能够在商业模式中做到这样的特殊定位，就能对用户发出一种理所当然的邀请，即邀请用户进入整个商业模式运作所形成的知识传递网络，这样双方之间的关系就不再只是简单的物物买卖关系，而是形成了传播者和接受者之间的关系。商业模式中的主角则从简单的实际产品，变成了可以持续深入的知识交流和沟通。这样，消费周期就会从购买过程升级，成为能够维持更长远的过程。

要点 3：把出售产品变为出售流程

把流程推销出去。例如：市场上的鸡蛋和母鸡的价格是远远不能相比的，如果你的商业模式只销售鸡蛋，那么获得的利益将无法和销售母鸡相比。因此，在设计更长远的商业模式时，不妨将你能提供给用户的东西设计成能够产生衍生价值的产品或服务。当用户通过接受你的商业模式能够从中得到更多的“鸡蛋”即利益时，你的商业模式才能走得更远。当你从出售产品变成出售机会之后，你未来的收入就会越来越多，而你投入商业模式的时间和精力也会随之越来越富有效率。这才是更加科学、有效的商业模式。

中外那些优秀的企业家有一个共同的特点：具有眼光、有创造力，他们容易接受新思想、新事物；具有开拓精神，勇于尝试，敢于冒险；能够不断地更新观念，不断地进行改革和创新活动。在经营中勇于引入新思想，这样他们才能把你的一次性交易变成持续的交易，你的一次性收入才会变成持续的收入，商业模式的竞争魅力也才能得到更多的体现。

我经常对学员说，赚钱靠的是思想，你的思想能跟得上时代，想问题才会与时俱进，你才能为企业设计出新模式、引进新技术。

分析：新时代带来新机遇

互联网是现在覆盖传播最有影响力的一种方式，随着全世界网民的人数不断增加，互联网俨然是我们生活中的一部分了。在 21 世纪互联网时代里，很多企业家看到了挑战，同时也有一些企业家看到了新的机遇。

新机遇就是颠覆式变化给我们带来的无限的机会，每天都有企业倒闭，但每天都有新的企业诞生。

实惠 App 是一款基于移动端，主打社区的生活服务类 App。用户通过入驻实惠 App 上自己工作的写字楼或居住的社区，领取实惠或商家提供的优惠礼品，享用身边的生活服务和便利商品，同时进行邻里间的社交，让用户生活更便捷、更实惠。

实惠商业模式的创新之处是做免费的团购，即颠覆团购的低价模式，也就是说直接 0 元团购。通过平台将商家提供的免费福利，派发给参与中奖的用户。用户主要是城市的上班族，能够在写字楼或者社区的位置信息中录入其附近的商家名称和商品的福利活动，并通过附近福利、免费抢福利等趣味方式推送给用户，使用户既能得到实惠，又能得到良好的游戏体验。

实惠 App 开启的创新“免费 O2O”模式，不但促进了商家和用户的良性互动，还与大型商户开展合作，同时把用户、商户、物业连成一个有机整体，使之形成一个小的社群系统，并围绕这个小的系统展开线上订单和线下服务。

这个案例说明，建立商业模式的良好机会，并非只是按照现有的逻辑思考就能发现。只有坚持不懈地观察现有情况中的最佳途径，才能发现变化中的机会。

商业模式的成功建立，意味着对商业机会的捕捉和利用。没有发现机会，就不可能将现有资源进行最佳创造来迎合用户需求并传递价值。事实证明，成功的商业机会意味着对产品、服务、流程等价值传递方式的极大革新，而这正是商业模式成形的最佳基础。

和许多人的想法不同，商机永远都会存在，它们是随着环境变化而随时出现并发展的。如社会分工协作关系的演进和改变、产业结构的调整或者经济活动的多元化等，能够从宏观上促进商机的出现。又如市场上出现新的需求、新的供求矛盾或者新的产业转移时，就会从微观上促进商机的出现。同样，技术的变化和进步也会推动商机的出现。在这些机会面前，越能识别并把握机会的企业家，就越容易利用新的商机打造与众不同的商业模式。

“干净么”是一个互联网餐饮安全卫生监管平台，是基于移动互联网并连接各个环节、各个部门的第三方卫生监管平台，同政府、媒体、商家、用户等多方互动进行监管。目前在“干净么”App 上有几百万条数据、15 万家餐厅的食品安全等级评价。

“干净么”是第一家利用互联网思维打“食品安全”这场仗的第三方平台，不仅对餐饮商家进行测评、监管，也对学校、幼儿园、单位食堂等予以监管，用户可以查阅自己感兴趣的商家的卫生安全等级，从而决定是否就餐。

“干净么”就好比餐饮界的 360，免费还杀毒，目标就是通过扬善惩恶使餐饮行业进入良性竞争循环。食品安全需要社会共治，“干净么”就是连接政府、媒体和消费者的一个纽带。

所以，企业要想建立更有价值的商业模式，做理论研究工作的意义，远远比不上对现有信息进行研究判断、分析处理的意义。因为那些有价值的商业机会就隐藏在这些信息中，这些信息包括**谁才是真正的顾客、潜在的价值需求有多大、潜在的市场规模有多大、竞争对手有哪些、供应商和分销商的不同情况、定价策略以及行业的结构和特征等**。

企业家要想具备一双发现商业机会的慧眼，应该对以下内容做好分析，如图 4-3 所示。

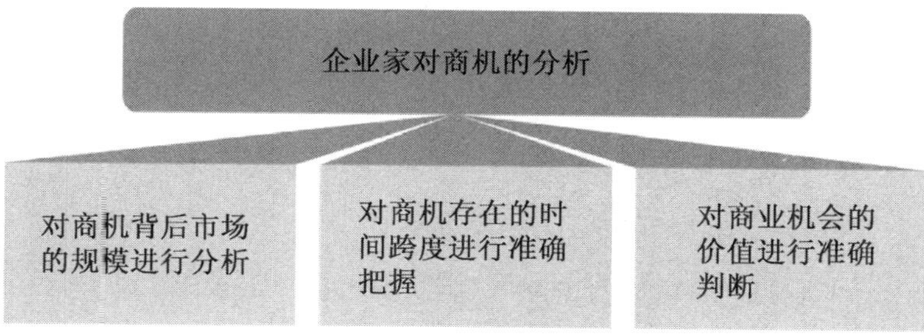

图 4-3　企业家对商机的分析

1. 对商机背后市场的规模进行分析

市场规模决定了创业企业在发现商机之后，将会面临怎样的运作空间和销售规模，这也在很大程度上影响着利润的多少。因此，企业家应该对代表商机的市场规模有清楚的分析和判断。

2. 对商机存在的时间跨度进行准确把握

任何机会都不可能是永续的，当时间一旦错过，机会也就不存在了。而不同行业、不同企业的商业机会，其时间跨度并不相同，即使同一个行业面对不同的商业机会，其跨度也不相同。结合企业自身的特点，时间跨度越长，机会就越容易被抓住，而对于时间跨度较小的机会，企业应该迅速把握并尽早做出相关判断和决定。

3. 对商业机会的价值进行准确判断

即使某商业机会有着良好的市场规模、较长的时间跨度，也并不一定就是富有价值的机会。企业家还应该对这样的机会做出更加充分的评价，包括这个机会形成的商业模式能否充分吸引顾客，能否在企业现有的商业环境中顺利运用，能否及时变成成功的商业模式，企业是否有着足够的资源和能力去把握这个机会。

一般而言，当某商机同时具备上述条件时，企业就有很大可能去识别并把握机会。当然，企业家最终能否把握机会，还要看他们有没有掌握关键资源、能否提升企业的核心竞争力去适应机会并承担机会所带来的风险。

当然，有能力发现商业机会固然重要，有想法将商业机会变成模式也很重要，但是如果只有对商业机会的一些想法和信心，是否就一定表示可以把机会变成商业模式中的价值呢？答案是否定的。并不是每个你看中的机会都一定会成为良好的模式，因此，在建立商业模式之前，企业家应该对商业机会进行科学的分析评估，然后做出选择。

总之，企业家要学会及时发现和舍弃机会，从众多机会中挑选最好的机会。只有当一个机会能够代表其未来不得不采用的最佳模式时，这样的机会才是最好的机会，才值得企业投入全部的优质资源。

我们无法预知未来，但我们可以创造未来，对利润的传统定义是收入减去成本，但这不能反映一家企业未来的盈利能力。我认为真正的利润是指企业未来可想象的空间，这正是抓住机会的核心，而所谓商机，主要看其市场潜力与未来的拓展空间。

方法 1：创造独角兽企业新物种

一线团队拥有的决定权，根本不浪费时间去打报告。当然，行动如果出现纰漏，现场指挥官需要承担全部责任。

企业成为独角兽并不是终点，唯有源源不断地创造用户价值的产品或者企业才能得以发展。

乔布斯曾经说过一段绝妙的比喻：“人们在度过而立之年时，会不同程度地思维僵化。他们因为习惯进行不同程度的强化而导致缺乏创新，很多人开始一天天重复过日子。这样，他们的意识和思维就会形成固有形式，如同唱片中的一段固定凹槽无法摆脱。”

这个比喻同样适用于对商业模式价值的分析。商业模式之所以有价值，是因为能够满足用户和市场的需求，一旦商业模式背后的思维僵化，不再重视创造性的破坏思维，就必然会导致商业模式本身的僵化。因此，企业必须进行跳跃性的思维变化和发展，改变原创新商业模式背后的思维定势，打破思维深处的“魔咒”，利用创新思维谋求企业的生存和发展。

值得注意的是，在传统的经营思维中，凡是掌握了核心技术的企业，能够在市场竞争中获得商业模式的优势，并从中获得源源不断的利润。但是拥有了核心技术的企业，并不代表其必然拥有始终领先的商业思维，更不代表其就能建立健全的商业模式。如果不能根据市场环境和用户需求改变思维，商业模式就很可能因固守而过时，即使企业拥有暂时的核心技术，也难以高枕无忧。

大量的商业实践表明，商业模式能否持续获取利润，在于企业能否把握用户的需求，而要达成这样的目标，就要充分运用创新思维。经由思维的创新，才能获得商业模式的创新，进而产生巨大的价值，获得可观的利润。

然而，中国企业对商业思维的创新有着先天的不足——由于受到固有思想的束缚，人们的思维模式存在不同程度的僵化，更习惯从工程技术变革的角度看待创新，将商业模式中的创新理解成技术、产品或者渠道方面的创新。但从根本上说，技术、产品、渠道、品牌等资源，只有遵循正确的经营思维，才能形成富有价值的商业模式。因此，企业只有实现了经营思维上的创新突破，建立先进的商业模式，才能获得真正一流的独特竞争力。

从这个角度看，思维的创新在提高企业商业模式的价值上具有重要地位。一些企业正因为没有意识到这点，才在竞争中落败。

2018 年上半年腾讯的《王者荣耀》累计流水超过 100 亿元。实际上，《王者荣耀》的开发团队一开始并没有把游戏的完成度做到极致，而是非常关注产品的精益思想应用。游戏的基础版本经常是一边尽快完成发给玩家测试，一边根据已有测试结论进行系统的制作，并行迭代，不断提升制作管线的效率。

这样做，尽管在早期会有玩家抱怨游戏的品质有待打磨和提升，但是由于游戏制作效率很高，当游戏需要进行调整时，速度非常快。《王者荣耀》的开发负责人李旻说："竞品看到我们的修改结果，也能够根据数据的变化，分析并捕捉到哪个方向更适合用户需求，但它不能像我们一样这么敏捷地去做改变。"

由此看来，独角兽企业的迅速崛起，需要创新的组织和文化，其形式要多种多样。组织特质始终离不开弹性化、小型化、快速响应等品质。

独角兽概念于 2013 年首次由美国著名投资人阿里·李（Aileen Lee）提出，指那些在较短时间内估值超过 10 亿美元（约 63 亿元人民币）且暂未上市的创业公司。由于国内还没有将创业时间及估值作为硬性指标，因此独角兽泛指代表着新经济动力的优质创新型企业，典型公司如阿里巴巴、腾讯、滴滴、蚂蚁金服、小米、优客工场等。资本市场尤其青睐独角兽型企业，发行 CDR 成为独角兽的新春风与风口，培育独角兽型企业将是创业者追逐的梦想。

独角兽企业的发展壮大得益于企业领导不苦守于已有的商业思维，而是跳出原先的圈子，利用新的思维进行模式设计操作。例如：运用战略联盟合作、产品设计、应用技术开发等思维，让新的商业模式更好地适应市场变化，提供更多价值，从而获得成功。

企业家在试图获得更有价值的商业模式时，会进行更多的借鉴和反思，并需要在此基础上懂得在何时改变思维，从而避免从内而外的僵化。当然，这样的改变是困难的，因为商业思维本身是无形的，不像产品或者技术那样具体。事实上，不少企业家对商业模式的价值点没有完全理解，更谈不上对思维创新的理解了。

方法 2：从商人思维到企业家思维

一个成功的企业家必定是一个拥有胆识、眼光、运气的人，如图 4-4 所示。这三者是同等重要、相辅相成、相鼎而立、互为因果、缺一不可的。

马云说过，做企业有三重境界：生意人、商人和企业家，如图 4-5 所示。生意人是利益驱动者，为了钱什么都可以做；商人重利轻离别，但有所为、有所不为；而企业家是带着使命感，要完成某种价值。

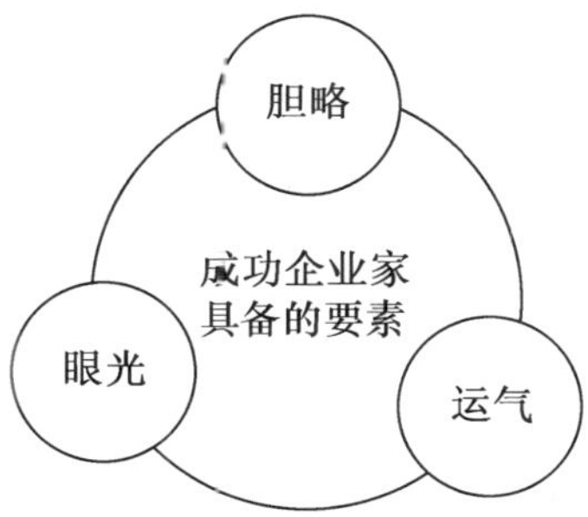

图 4-4　成功企业家具备的要素

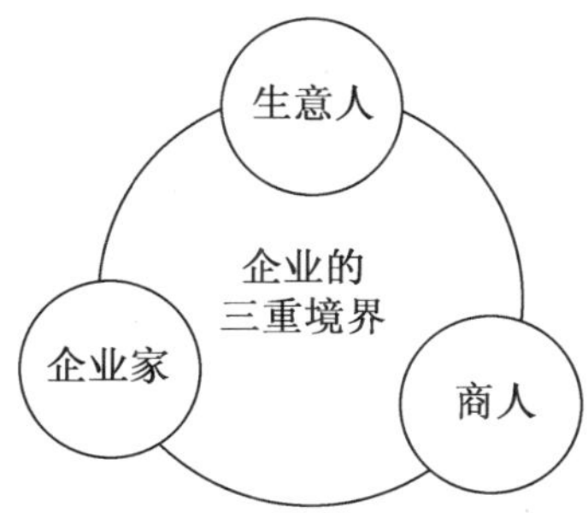

图 4-5　企业的三重境界

因为企业家是带着使命感做事情的，所以他们会比一般人更有胆略和激情。一旦认准的事情，他们会坚持做下去，哪怕碰到挫折和失败，他们仍然会勇往直前。我的一位拥有上亿元资产的企业家朋友，在向我谈到他的创业经历时说：“我在创业过程中三落三起，虽然一次比一次惨，但我心里从来没有放弃过。

即使现在，如果让我重新从头再来，我依然不会退缩。”

如同战场上没有常胜将军一样，商场上也不可能有常胜将军。用一句兵家俗语，“胜败乃常事”。但是，无数失败者的经验教训表明，失败不可怕，也不可悲，可怕和可悲的是在败下阵之后失去了理智、士气、信心和志气，从而一“失”再也无法挽回。

行军作战需要胆识，成功创业更需要胆识，只有想法却不敢实现终究不会成功，莽撞行事也只会导致失败，有勇有谋才能事半功倍。

在教育发达和信息技术普及的现代社会，大多数人有一定的“眼光”，但胆略不是人人都能具备的。胆略是成功投资的必要因素，如果没有创业的胆略，那就最好不要创业，在胆略这个问题上别人是无法帮忙的，这也是世界上拥有非凡天赋却没有致富的人随处可见的玄机所在。

我们知道的是在创业初期，选择当一个企业家需要的是天然的胆量，你不敢冒风险，就没有机会迈出第一步，就进入不了企业家队伍。成功者不是靠训练有素的功夫，而是靠胆量，所以说企业家是因胆而生的。

企业家史玉柱在资产为负数的时候站了起来。他曾经排在福布斯中国富豪榜第八位，因为冒进，巨人大厦轰然倒塌，一夜之间变成一个负债 2.5 亿元的“失败者”。当讨债人蜂拥而至之时，史玉柱庄重承诺：“欠老百姓的钱一定要还。”

也正是出于这种“还债”的动力，凭着这种信念和责任，他不言败、不气馁，靠着借朋友的 50 万元，杀回保健品行业。两年后，史玉柱终于东山再起，且赚钱后的第一件事情就是还债。

史玉柱的第二次创业成功后，他再接再厉，这个被称为中国“著名的失败者”的人，无论事业还是境界又迈上新的台阶。他现在拥有超过 500 亿元的财富，在短短十年中，他不仅创造了商业神话。目前，史玉柱已经专注于网络游戏，不管他以后是成功还是再次失败，他身上所折射出来的坚韧不拔、执着热情的创业精神都是我们这个时代需要的。

有人说，现在国内的企业家大多是在资本的助力下获得成功的，能成功是因为他们运气好。此话有一定的道理，但是如果他们没有足够的胆量创业，没有眼光发现商机，即便运气再好，也只是一个发了一点小财的生意人。

一般来说，企业家和商人、生意人的最大区别在于：企业家是屡败屡战，直至成功的。企业家的胆识需要智慧来陪伴，而决定一家企业能走多远的重要因素是企业家有无独到的眼光。在企业的初级阶段，企业家的眼光主要表现在能否洞察未来、富有远见，能否在纷繁的信息中敏锐地嗅判商业机会；在企业的高级阶段，企业家的眼光主要表现在慧眼识珠的看人能力上。眼光是一种奇妙的东西，它与知识、智慧、才能、聪明有联系，但不等同。上帝不创造完人，一个人不可能胆量又大同时知识又多、学历又高，所以优秀的企业家不需要太多的知识，正如克劳塞维茨所说："杰出的统帅从来不是知识渊博的军官。"独到眼光的背后是独特的思维方式，思维方式的背后是天生的直觉和已经升华的经验，这种直觉和经验作为企业家的独特技能，别人是无法模仿的。

因此，我建议企业家用下面 4 种方法避免思维的僵化，并加强模式的竞争力，如图 4-6 所示。

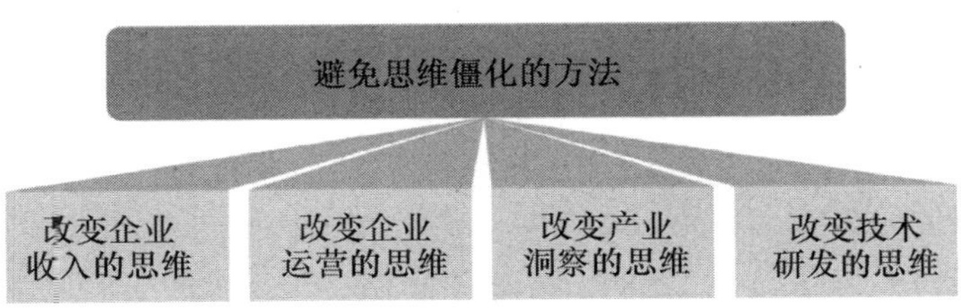

图 4-6　避免思维僵化的方法

1. 改变企业收入的思维

当企业收入固定之后，对怎样获得这样的收入的思考程度就会变得肤浅，思考时间也变得更少。对此，企业家有必要从更宏观的角度重新对用户需求进行定义，更加深远地思考用户为什么要购买产品，该产品能助其实现怎样的目标。这需要企业将收入思维集中在如何为用户提供解决方案，而不是单纯地生产产品上。

2. 改变企业运营的思维

这种思维的改变意味着企业家要重新思考企业在产业链中所扮演的角色。例如：谷歌正是因为通过思考才发现自己有必要改变运营思维的，从而开始集中资源进入移动平台，而不是始终停留在 PC 桌面系统。

3. 改变产业洞察的思维

改变产业的相关思维是比较激进的，这意味着企业要从新的角度看待产业，甚至认识和创造新的产业。正是通过思考角度和内容的变化，企业才会发现原来产业中的缺点和空白，并因此进入并成就新的产业。

4. 改变技术研发的思维

产品创新是提升商业模式价值的重要部分，但这只是“硬件”上的；在“软件”方面，企业有必要积极思考新的技术目标，引发企业内部的技术变革，从而引导自身商业模式的价值提升。

在互联网时代，推出大研发概念，走“产、学、研”一体化道路，与高校、研究机构、大型企业等共享研发成果。

当然，不论采取哪种思考途径，走出旧有的思维模式，最终是为了避免企业内涵和文化的僵化。这需要企业的领导者能够对企业相关的众多因素具有深刻的理解和洞察力，这是走出思维保守境地的前提条件，也是较为困难的地方。

创新分为两类：一类“节流”，我们称为“流创新”，这类创新基于现状；另一类“开源”，我们称为“源创新”，多指颠覆性创新。企业家面对的最大障碍不是人才、资金与产品技术，而是思维固化，它主要表现为路径依赖、迷恋经验与旧有习惯。

颠覆传统，创新未来，真正的商业模式创新首先是思维的颠覆，请坚信一句话：心有多大，舞台就有多大。

没有夕阳的行业，只有夕阳的企业；没有夕阳的企业，只有夕阳的思维。

方法 3：用企业家精神引领产业发展

真正的商业模式，必然和真正的用户价值需求之间存在密切关系。那么，好的商业模式是如何把握用户价值需求的呢？毫无疑问，如果你能看到十万名用户的价值需求，就只有十万人的空间设计商业模式；如果你能看到百万名用户的价值需求，就能有百万人的空间设计商业模式；如果你能看到整个时代的价值需求，你的商业模式无疑是这个时代中最优秀的。

好的商业模式必须比竞争对手具备更高的眼界和格局。而在中国，企业家所能选择的更高眼界和格局，就是对整个国家经济建设环境的把握！所以，中国的企业需要企业家用精神引领产业发展。

至于怎样积极把握国家的经济建设环境走向，我建议企业领导者不妨多看看每天的《新闻联播》，只有了解了中国的经济走向，才能让你的眼界和格局更高。

2013 年 9 月 29 日，中国（上海）自由贸易试验区的挂牌仪式，就是对众多企业提升自我商业模式价值的一个利好消息。这一天，国家的相关部门领导和上海市领导为第一批进入自贸区的企业、金融机构颁发了相关营业执照，包括 25 家企业和 11 家金融机构，其中 8 家中资银行、2 家外资银行以及 1 家金融租赁公司构成了这些金融机构的主体。同时，诸多企业也选择在自贸区的变革氛围中，对自身商业模式进行变革。例如：诸多国企已经开始在自贸区的平台上进行了新模式的布局。

光明食品集团有限公司（下称“光明集团”）决定，在自贸区做如下模式转型：打造跨境的电子商务交易平台，以此集合国际资源进入中国市场；打造海外收购兼并平台，这也与近年来光明集团的海外并购策略以及在自贸区加强融资租赁的业务相一致。由于光明集团的固定资产有很大存量，如果进行融资租赁，可以适当释放存量并换取现金流。

同样，上海国际港务集团股份有限公司（下称“上港集团”）也看到了自贸区带来的商业模式转型机会，虽然自贸区的目标并不是增加区域的货运流量，但为上港集团进行业务多元化和国际化的转变提供了充分的机会。为此，上港集团于 2014 年 3 月底在自贸区设立了一家融资租赁公司，聚焦港航产业，并逐步拓展到国际市场。上港集团也将因此逐步调整其产业模式的结构布局。

2018 年上半年，光明集团实现营业收入 64.36 亿元，同比增长 8.38%，公司实现归属于上市公司股东的净利润 8.35 亿元，同比增长 220.71%。

与此同时，上海电气、绿地集团等也纷纷依托上海自贸区的平台，开始自身商业模式的转变。

上海自贸区的设立，是中国未来经济建设乃至整个改革开放的拐点事件，不仅会为整个上海带来发展红利，还会为中国企业的商业模式价值带来更大的空间。而这个机会是否能被把握住，取决于企业商业模式中体现出来的眼界和格局。

企业之间的竞争，包括市场占有率、盈利率、技术领先、产品领先、用户忠诚度等多方面的竞争。然而，企业的核心竞争力还是离不开其眼界和格局的。上海自由贸易试验区的出现，或许能够给绝大多数企业带来新机遇，但当外部环境发生变化之后，企业还应该积极调整自身的商业模式，去适应这种新机遇，并培养眼界和格局从而找到市场的空白、对产品进行创新抑或改变自身产品原有的价值主张。

通过提升眼界和格局，企业才有充分的信心和勇气界定市场的格局和自身活动的规则，从而设计出更富价值的盈利模式。借助眼界和格局的力量，企业将拥有自身的文化价值观，实现对瓶颈的突破，并做到对核心资源的控制，建立竞争者更加难以跨越的高竞争壁垒，最终实现对价值链的控制。这样，眼界和格局对企业商业模式的价值促进，就显得更加重要了。

提升眼界和格局，需要企业家把握以下两大原则。

1. 掌握未来思维

企业家只有掌握了未来思维，才能着手解决现有的问题，这意味着企业眼界的扩大。所谓未来思维，是指市场中原先没有，但其所指向的价值和需求的确存在的一种思维。由于思维和眼界的局限，未来思维往往不在普通商业模式观察者的眼界范围内。

通过寻找这样的思维和眼界，企业能将注意力集中到没有恶性竞争并充满利润的新市场中。

然而，眼界的狭窄让企业家总是带着现有的理念看待商业模式的价值，缺乏良好的视角。实际上，扩大眼界意味着深入挖掘而不是表面上的肤浅探寻。

对于已经存在的市场和用户，企业领导者需要深入观察。例如：看到隐性的需求或者市场的空白。同时，对于目前的产品、服务要进行重新定位，以未来的眼光观察现在的规则和秩序，进而否定落后思维，让原有的产品和服务拥有新的价值，获得新的思想主张，并做到以眼界带动思维。

2. 拓宽模式的运用格局

企业家在利用商业模式推动企业时，既要关注商业模式中点的力量，又要关注其中面的力量，这样才是对商业模式格局的充分利用。

什么是点？在商业模式中，可以将不同的点看作不同的核心资源，而对核心资源的控制，可以看作企业格局的关键点。例如：在上海自贸区成立的背景下，企业应该积极寻找其平台中能够被自身利用的关键点，只有实现了对自身需要的核心资源的控制，企业才能在商业模式中建立更高的竞争壁垒，断绝其他企业对商业模式的复制，并取得更多的定价自主权，站到制胜点上。

许多企业之所以在市场竞争中总是处于被动局面，甚至陷入价格的恶性竞争，关键就在于它们缺乏应有的格局拓展意识，更没有在格局拓展过程中积极发现核心资源的“点”，因此失去了话语权。

企业家在拓展自身模式发展的格局时，应该结合自身商业模式的核心资源进行分析。在不同行业、不同背景、不同的经济政策下，企业拓展格局所需要抓住的点可能不同。例如：微软在当时的经济环境下，需要抓住办公系统软件这样的价值核心，而茅台公司在其发展过程中，将格局放到整个中国来发掘自身独特的产地资源，等等。抓好这些资源点，企业商业模式的发展才会体现出非同一般的方向和重点。

同样，在“点”的拓展之后，还应该顺利地实现对价值链的整合系统化，达到“面”的拓宽。通过对产业链上下游的系统整合，从而形成充分完善的商业系统，而在这样的系统中，企业之间会形成相互之间分工、合作并各自承担利益的“面”。在这样的“面”上，企业才能利用对政策的掌握和对经济大环境的了解，让价值相关者之间形成紧密的伙伴关系。这样，企业作为“面”的核心，一方面会获得更高的地位和权威，另一方面也将承担更多对商业模式的责任和义务，最终形成“体”，从点到线到面最后到体，企业需要不断致力于对眼界和格局的提高，从而做到商业模式的低成本、低风险和高回报，这样企业才能获得模式竞争中的优势，并适应未来的发展趋势。

企业领导人的格局决定了企业的高度，商业模式则决定了企业的格局。商业模式设计不是企业的终极目标，而是企业实现价值的手段，企业领导人的眼界与格局决定了商业模式的优劣与层级。

企业家获取成功，还有一项极少被谈到的因素，那就是运气。运气不好经常成为失败和挫折的理由，但谈论到成功，不少人拒绝承认那里包含着某种运气的关照。但凡成熟的企业家在被问及事业成功的原因时，都会归结于运气，这当中虽有谦虚成分，但又确实如此。克劳塞维茨在《战争论》中指出：“战争是充满偶然性的领域，人类的任何活动都不像战争那样给偶然性这个不速之客留有如此广阔的活动余地。”不承认运气的人都是不成熟的狂妄之徒，由于缺乏感恩，上帝的惩罚之剑就会高高悬起：“上帝叫谁灭亡必先让其疯狂。”运气不是孤立存在的，它和胆量、眼光密切相关。正确的做法是把运气看作机遇，运气好就是当机会出现时能一把抓住。最值得称赞的是自己创造时机，正如著名冰球运动员格雷茨基所说：“我滑向我认为冰球可能出现的地方。”

从本质上看，成就一个企业家需要三大要素：胆量、眼光和运气。没有胆量，眼光和运气就无从谈起；没有眼光，胆量就会演变成鲁莽；没有运气，胆量和眼光就成了壮烈的“怀才不遇”。

有一句话说得好，你的心有多宽，你的舞台就有多大；你的格局有多大，你的心就能有多宽！放大你的格局，你的人生将不可思议！

美国企业家曾放言，向全球输出美国精神。然而，随着中国的强大、企业家群体的崛起，**中国企业家也开始宣扬中国精神，即担当、坚韧、传承、诚信和利他精神**。

《美国企业家宣言》选自美国托马斯·潘恩所写的《常识》一书，是美国企业家公认的宣誓词，美国《企业家》杂志于 1904 年将它作为发刊词。此后百余年中，沧海桑田，物是人非，但这段话从来没有改变。

> 我是不会选择做一个普通人的。
> 如果我能够做到的话，我有权成为一位不寻常的人。
> 我寻找机会，但我不寻求安稳，
> 我不希望在国家的照顾下成为一名有保障的国民，
> 那将被人瞧不起而使我感到痛苦不堪。
> 我要做有意义的冒险。
> 我要梦想，我要创造，我要失败，我也要成功。
> 我拒绝用刺激来换取施舍；
> 我宁愿向生活挑战，而不愿过有保证的生活；
> 宁愿要达到目的时的激动，而不愿要乌托邦式毫无生气的平静。
> 我不会拿我的自由与慈善做交易，
> 也不会拿我的尊严去与发给乞丐的食物做交易。
> 我决不会在任何一位大师面前发抖，也不会为任何恐吓所屈服。
> 我的天性是挺胸直立，骄傲而无所畏惧。
> 勇敢地面对这个世界，
> 自豪地说："在上帝的帮助下，我已经做到了。"

实操案例解析：名创优品疯狂扩张背后的秘密

在这个实体店销售低迷的时代，名创优品能够用短短 3 年的时间在全球开店超过 1800 家，2017 年营收 120 亿元。

名创优品背后的操盘手是叶国富，他曾经成功创建过“哎呀呀”零售连锁。正是因为其创业经验丰富，他在赴美、日、韩等发达国家取经学习的过程中，偶然发现日本存在很多“产品丰富，价格低廉，品质又好”的百货精品店，而且店中绝大部分产品是中国生产。

这个发现，让叶国富意识到了实体店的市场机会。面对机遇，叶国富立刻行动起来，他利用国人崇尚简洁实用的外国品牌，开始对品牌进行包装，并依次对品牌名称、Logo、店铺进行了设计和装修。

在此次合作中，叶国富特意找了日本设计师三宅顺也。三宅顺也对产品的外观设计赋予了一些日系风格。尽管后来叶国富没有摆脱“山寨日本品牌”的诟病，但正是这样的包装迅速奠定了名创优品的品牌基础和调性，积累了品牌知名度，获得了用户的信任。

叶国富的名创优品门店在选址方面，不同于一般的十元店选择偏僻的地方，而是开在宽敞明亮的 Mall、银座、大悦城等人流密集的精品商场里。

众所周知，十元店的利润少得可怜，长期下去，如何能付得起精品商场超高的租金？这就是名创优品和其他品牌最大的不同之处，它通过爆品级流量盈利：到精品商场里的顾客会全部被“名创优品”的货物吸引到店里，你能想象得到，人流量究竟有多大了吧？

更为重要的是，名创优品真正做到了精品中的精品，如精致的水杯、耳机、香水、化妆水等，这些受人们青睐的产品，除了具有精美的包装外，其质量以及超低的价格会让你觉得，你买多少都不会觉得上当！正是因为质优价廉，名创优品方能依靠高于周边门店数以十倍计的“高频周转率”获取超高利润。

截至目前，名创优品成功进驻的市场除了菲律宾、马来西亚等国之外，还有美国、加拿大、新加坡等国。分析名创优品疯狂扩张背后的秘密，不外乎以下几个原因。

1. 名创优品卖的不是产品而是流量

名创优品与传统店铺的不同之处在于，它的盈利来源是靠卖流量，用高频流量覆盖一切成本，狠抓利润。

除此之外，名创优品的产品从设计、摆货、分区甚至到现场的服务，给人一种舒适享受的感觉，而且超低的价格让顾客毫不犹豫地做出购买的决定。来到店里的顾客只要喜欢就会买一堆，自己用或送亲朋好友；即使对产品不是太喜欢，也会因为价格低得太让人容易接受了，当机立断，选择买买买……这样一来，店内产品既没有库存灾难，又有充足的现金流。

2. 核心是出口供应商

名创优品除了拥有客户流量外，还有合作愉快的供应商。名创优品平均 200 平方米的店，库存量达 3000 款，只有短短 7 天的产品更新周期，每月约开发 500 ～ 1000 种新产品，这些新产品全部要达到“种类丰富，设计感强，品质优，价格低”的要求。

3. 打造 ROI 连锁的独特商业模式

不管是企业，还是门店，重资产都能给企业带来致命的灾难，名创优品恰恰避免了这一点。它在全球范围内发展这么快，得益于轻资产模式。

名创优品的商业模式，是一种典型的“类金融”的买断加盟模式。所谓类金融，简单说就是用加盟商的钱开店。加盟商只要出资，不需要参与日常经营，而加盟商的回报是每天都能准时获得所投店铺前一天营业收入 38% 的现金转账。

由于名创优品对所有供应商提供了“买断制供货和 100% 准时结算”的服务，不管对上游还是下游的合作方，都树立了良好的信誉和形象，双向进而增强了合作的黏度和持久性。名创优品能快速扩张，加盟商也能坐享保底的收益。所以名创优品提供的其实是小物件供应链和门店的管理能力，这种“管理”，便是地地道道的轻资产模式。

本章思考

思考 1：你认为阻碍你企业发展的最大思维障碍是什么？

思考 2：你的企业离独角兽型企业有多远？

思考 3：什么样的思维是你最欠缺的？请举例说明。

思考 4：名创优品实体店逆袭背后的原因是什么？

第 5 章

不忘初心，止于至善

用户体验与认知迭代升级

随着用户消费习惯越来越个性化，越来越追求高效的用户体验，对于企业来说，一个良好的商业模式必须满足用户的体验与认知，实现迭代升级，即在为企业带来源源不断的利润之前，其内在的价值主张必须能够打动利益相关者。只有把价值主张传递给相关利益者，企业才能让自己的商业模式从众多竞争者中脱颖而出。

所谓“体验式商业”，是一种有别于传统的、以零售为主的业态组合形式，更注重消费者的参与、体验和感受，对空间和环境的要求也更高。体验式消费在注重消费者的参与和感受的同时，也更注重对空间和环境的体验性。在这样的背景下，“体验式商业模式”应运而生。

当下许多顾客购买的不仅是能够看得见的产品与服务，更多的是产品与服务背后的价值，为了迎合这部分顾客，一些企业开启了体验式商业模式。

一般来说，顾客价值体验来自企业提供产品与服务的各个细节点有效管控，来自企业内部各资源的有效组织、整合与步调的统一，企业如何能够协调企业内部的所有资源提升顾客体验呢？

星巴克的案例非常值得我们借鉴。

星巴克在 2008 年经历了创办以来最差的业绩，除了外围经济差以外，创始人霍华德·舒尔茨认为最重要的是品牌的核心价值受到了破坏！当时，由于管理层一味地追求增长向华尔街交差的数字，导致公司远离核心价值，顾客体验遭到破坏，使星巴克丢失了一批顾客，这些最终反映在业绩上。

霍华德•舒尔茨为了扭转局面，重返星巴克，担任CEO一职，在公司内部进行了一系列的改革，终于让星巴克起死回生，股票很快上升了近10倍。

霍华德·舒尔茨是如何改革的呢？原来，他在星巴克不断完善并提升自身产品质量的同时，又挖掘并打造了独有的星巴克文化，同时做到了与顾客的精神共鸣。可以说，星巴克卖的不是咖啡，而是一种文化。正是这种体验式的商业模式，让流失的顾客重新回归星巴克。

星巴克在客户体验层面的全面管理战略，着眼于全局的客户体验管理，从与客户接触的每个触点出发，为客户打造好的体验，最终保证链路系统的整体体验，在潜移默化中向客户灌输品牌文化。

商业模式最直接面对的利益者就是用户（用户可以掏钱，也可以享受免费）。所以好的商业模式能将价值充分提供给用户，而这个过程又离不开商业模式中的用户服务。商业模式中的用户服务步骤，实际上是表现企业价值主张的步骤。这个步骤能够真正明确企业商业模式对顾客的实际意义，能够描述企业将什么样的价值交换给用户；对于用户而言，他们将明白企业是怎样满足自己的需求的，也能明白从企业那里无法得到哪些价值。

更为系统的商业模式，企业对经济、社会乃至全人类需求的态度和观点，能通过用户服务将价值传递给消费者，在产品同质化越来越严重的市场中，企业如果想让自己的品牌打响，就需要通过用户服务建立价值主张。反之，企业的一切传播、营销等用户服务活动，也都需要围绕这样的价值主张来进行。

之所以将用户服务和价值主张结合得如此紧密，是因为不管企业实行什么价值主张，归根结底都是要做好一件事：帮助用户满足需求、解决问题，从而获得用户的忠诚，成为其粉丝中的“发烧友”，而企业拥有服务上的创新和提升是相当重要的。

纵观商业历史，在一个好的商业模式中，用户服务和价值主张的结合并没有人们想象得那么困难。

随着商业环境越来越复杂，行业竞争越来越激烈，商业模式也变异得越来越复杂，跨界行业整合的商业模式设计时有发生。但不管怎么变异，关联交易与交叉补贴的商业模式设计原则都是亘古不变的。

说到外卖订餐，相信许多人不陌生。尤其对大学生而言，几乎成为其创业的最热门领域，每天都有新的学生创业者诞生。然而，由于设计的商业模式太僵化，其中大部分创业者因为业务拓展困难或其他自身原因倒闭或破产。

几年下来，能走出校门，与商业巨头平等对话的大学生创业平台，似乎唯有“饿了么”这一家。

“饿了么”是由上海交通大学的毕业生张旭豪、康嘉等人创办的网上订餐平台。从 2014 年 10 月起，“饿了么”的员工人数由 200 多人扩大到现在的 15000 多人，团队扩散到我国的二、三、四线城市，覆盖城市接近 2000 个，加盟餐厅 200 万家，用户量达 2.6 亿。

由于“饿了么”持续盈利，逐渐引起了风投的关注。2011 年，“饿了么”A 轮投资与 2013 年 B 轮投资分别来自金沙江创投与经纬中国，均为数百万美元。同年 11 月，“饿了么”获得由红杉资本领投的 2500 万美元 C 轮融资，到了 2014 年 5 月，“饿了么”又获得大众点评网领投的 8000 万美元融资。截至 2017 年 7 月，饿了么已获融资总额 23.4 亿美元。

说到“饿了么”，就不得不提到另一家订餐网站——“小叶子”。“小叶子”是由上海交通大学张旭豪的学长范晔创办的。2009 年，当张旭豪创立“饿了么”，骑着脚踏车送外卖的时候，“小叶子”已经初具规模。

2010 年年底，商业模式的不同拉开了两边团队的差距。“饿了么”全盘接收了整个交大及周边几所学校的阵地，企业前景彻底逆转。之后由于资本介入，“饿了么”的利润进入高速增长期，保持了一年近 10 倍的增长。从交大周边到上海各大校园，再到一线城市的各个校园，最后到一线城市全城。

最终，“饿了么”以 10 亿元的年交易额占据了整个外卖市场 7 成以上的份额，甚至跨过了 1 亿美元的估值关口。

“饿了么”能够迅速超越“小叶子”，在同行业中崛起的制胜武器就是其商业模式的升级。“饿了么”网站上线后，第一个提出“C2C 订餐”的概念，在重视服务订餐用户的同时，也重视服务餐厅，此举让它搭建了用户和餐厅沟通的平台，推动了餐饮行业数字化的发展。于是，“饿了么”成为区域化电子商务的领跑者。由此看来，“饿了么”升级后的商业模式是非常值得推崇的。

对企业来说，商业模式的升级应该把提升用户服务作为导向，充分利用新的产品和技术，拓宽为用户服务的新渠道，从而给用户传递更多的价值主张。

即使从竞争的角度来看，这种“以用户服务传递价值主张”的策略也是相当明智的。在市场竞争加剧的同时，成熟的市场进一步饱和，不同领域和行业之间的技术相互加快渗透，用户需求更多、业务更丰富等特点促使企业必须将主要精力集中在用户需求上。在这样的环境中，只有那些能够积极整合商业模式中的不同因素从而提供全方位用户服务的公司，才会受到市场的青睐。企业需要担任的角色，不再是一个单纯的产品或服务提供者，而是着力于开发新服务模式、寻找新利益提供点的开发者与决策者。

事实证明，在那些成熟的行业或者市场中，即使企业和用户拥有了合作协议，最终能否获取真正的收益，还要取决于企业是否提供了全新的商业模式，并针对用户需求制定新的利益满足的解决方案。

利用用户服务传递价值的收益，并不只有新的利润增长点。在成本方面，创新用户服务手段，还能够通过重复使用设备降低商业模式运行过程中的总成本，从而实现成本结构创新。

总之，企业要学会在互联网时代，利用大数据分析、人工智能等，对顾客进行深度分析，提供更出色的产品和更佳的用户体验，并从存量用户的价值挖掘上为商家赋能，把流量沉淀到商家店铺，最后再在店铺内实现商品消费分期，打造流量线上与线下的闭环。

分析：从功能性消费到精神消费

2017 年调查显示，全球正在从“物质消费”向“精神消费”时代转变，也就是从产品量的消费转向时间量的消费。消费需求持续增长、消费结构加快升级、消费对经济增长的“稳定器”和“压舱石”作用明显增强。在巨大的体量上，消费市场仍旧蕴藏着巨大的发展潜力和市场空间。这个调查结果显示，消费升级与精神层面的消费需求密切相关。

> 2017 年 3 月 30 日，在寻找中国创客第三季启动峰会上，优客工场创始人毛大庆在致辞中表示：“传统的商业模式正在被精神消费的商业模式代替。”毛大庆说：“让你的产品产生出震撼人心，或者吸引人的精神内核，而且把它不断地复制，赋予你的用户那种人格化的品牌的演绎，是非常重要的。”

商业模式的设计和革新，不只是发现并满足用户现有的需求，还要发现用户没有被挖掘的需求，并集合资源予以满足。

换句话说，如果产品或者服务的实质和供货价格相差无几，企业该如何利用自己的商业模式攻占用户？答案是让用户从功能性消费过渡到精神消费，如图 5-1 所示。

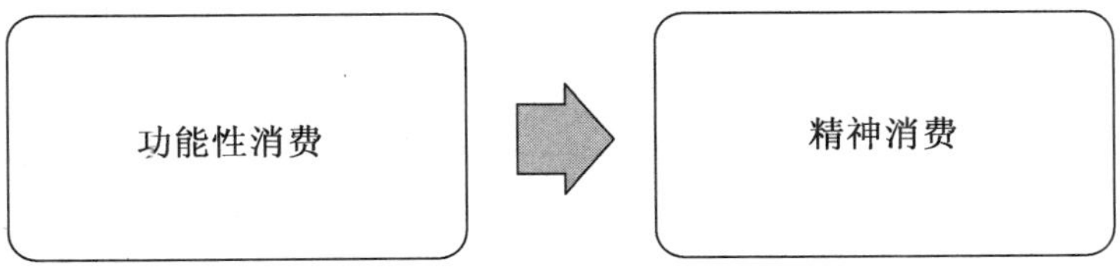

图 5-1　企业攻占用户的方式

1. 功能性消费

功能性定位的好处是能够快速锁定目标用户群，迅速抢占用户的心智空间，让产品在短时间打开市场，在短时间内获得用户的接受和认同。如“困了累了喝红牛”。但功能性定位又会折射出情景性消费，这种消费模式在品牌进入成长期和成熟期的时候，将严重阻碍市场的扩张和销量的增长。因为顾客只有出现了相关症状的时候，才会购买、消费相关产品。

功能性定位有一个很显著的特征，就是顾客在消费某种产品时，首先想到的是功能需求，而不是品牌需求。这种功能性需求有一个典型的弊端，即横向替代性比较强，特别是在技术、功能、产品日益同质化的今天，可替代性就更多。如王老吉和其他一些功能性饮料，都具有相互替代性。

2. 精神消费

精神定位能有效增加产品的附加值，在满足用户功能的需求上打造情感依托。例如：红牛在从功能性消费到精神消费时，从广告中的“困了累了喝红牛”到“谁能阻挡你”，再到“我的能量，我的梦想”，红牛在品牌升级的道路上，一步步升级和转移定位。

红牛通过“我的梦想”诠释了其能量所在，将其提升到了一个更高的精神境界，在传承基础上遥相呼应。红牛的整个转移思路是从功能性定位向精神性定位转变，在提升到精神消费领域时，又带有功能性特征。如此一来，红牛把提神醒脑转化成一种能量的补充元素，成功实现了定位转移，有效扩张了定位的张力。不仅有效延伸了其功能性产品特征，又不局限于功能性本身。走上了品牌突破之路，并采取继承和发扬的突破策略，有效提高了红牛的饮用率。

用户只有经历了从功能性消费到精神消费后，才会发自内心地认可你的商业模式价值，并采用实际行动来回报，最终成为企业利润的提供者。

就用户心理而言，其理想和现实之间存在较大的距离。面对不同的品牌、不同的商业模式，用户在消费之前，经常会出现心里所想和实际购买并不一致的情形。权威调查数据显示，中国的消费群体普遍不满足于常见商业模式所传递的价值，因为这些价值只能表现并满足他们的实际需求。实际上，他们希望能够体验“心中”所倾向的商业模式，获得精神上的享受，表现出理想中的自我，感受到和目前不同的经济状态、社会地位和自我追求。

企业在把握了用户这种心理特点后，构建商业模式就应该集中注意力跨越现实和理想之间的距离，如图 5-2 所示。

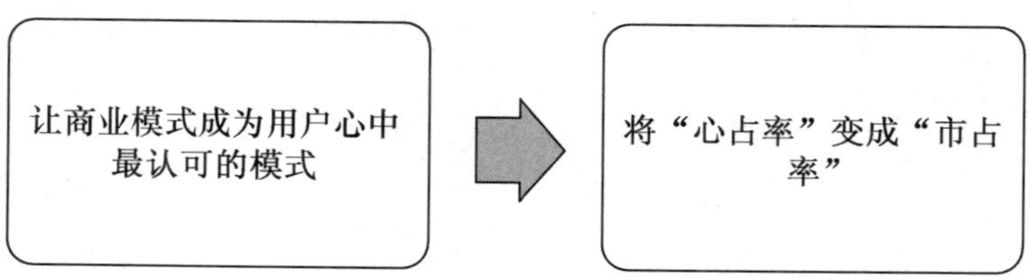

图 5-2　企业商业模式的转移

其实，用户“心占率”一旦建立，企业就能从这样的商业模式中获取一片蓝海。因为被用户内在认同的商业模式，意味着持久的利益供给和持续的利润来源。“心占率”代表着潜在的消费能力，表现了用户潜藏的购买欲望。即使对于普通大众而言，暂时无法形成实际消费，但由于你的模式占据了其内心，形成了价值，那么他们就会成为你的未来用户。当经济因素、外界环境等方面的困难被解除时，这些潜在的消费者就会选择让理想变成现实。同时，“心占率”还能让你的独有模式形成充分的影响力，让企业的产品和服务能够在社会的不同阶层都获得一定的美誉，从而带动社会的消费风尚，并反过来影响目标用户所做出的选择。

在这个过程中，“心占率”来自用户每次和商业模式接触时产生的精神体验，从而留下良好的印象，当这些印象不断叠加起来，就能累积成一种无形资产，且一旦形成就难以磨灭。

三只松鼠电子商务有限公司是中国第一家定位于纯互联网食品品牌的企业，目前已经成为中国销售规模最大的食品电商企业。三只松鼠品牌于 2012 年 6 月 19 日上线，当年实现销售收入 3000 余万元。在过去的 6 年里，三只松鼠累计卖出了 160 亿元的零食，其中 2017 年，实现了近 70 亿元的销售额，同比增长超过四成；到了 2018 年的第一季度，三只松鼠的销售额就达到了 16.43 亿元。

三只松鼠的迅速崛起，在于让客户获得了良好的精神体验，其运用的商业模式主要从以下几点加以推广，如图 5-3 所示。

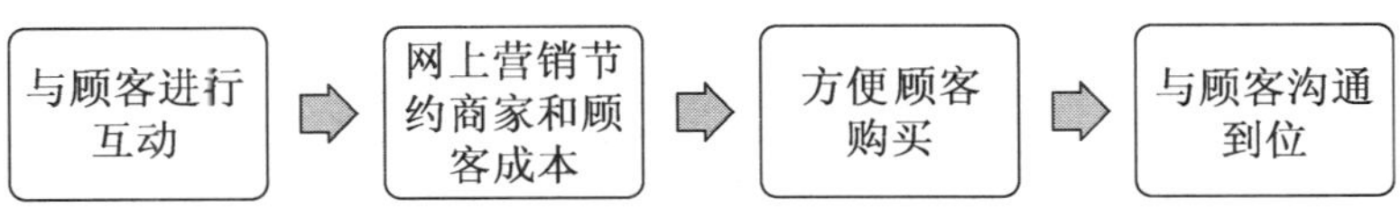

图 5-3　三只松鼠的商业模式

1. 与顾客进行互动

三只松鼠网络打造的顾客归属感。三只松鼠深知顾客需要关怀、与他人交流想法、分享彼此的感受，这就是寻求归属的体验。三只松鼠创建了微淘、微博、微信、空间、人人网、猫扑天涯等 SNS 网络，通过与顾客实时互动的方式，如晒单、玩游戏、评论舆论热点、活动公告等，用新颖别致的创意，提高了顾客对品牌的忠诚度。

三只松鼠的信仰是实现为全人类寻找最优质、最新鲜、最健康的森林食品。这几只萌萌的小松鼠称每位顾客为“主人”，对每位顾客都很重视，这种消费体验会让顾客倍感亲切，是真正以顾客为中心的销售理念。除此以外，其产品的内外包装、企业客服以及售后服务处处体现着三只松鼠以顾客为核心的主张。

给予用户极致体验。三只松鼠售前客服分为“小清新组”和“萌货组”两个小组，顾客在购买时会根据自己的偏好选择“一对一”的个性化服务；顾客下单后，松鼠家会为主人递送一个叫“鼠小箱”的包裹，顾客打开包裹后，会看到一系列周到细致的服务：温馨的鼠寄语、防止一次性吃不完的鼠小夹、吐果壳的鼠小袋、俘获顾客心智的卡通钥匙扣和服务卡、擦嘴用的鼠小巾。这就是从选择产品—接到包裹—使用产品中的每个环节，让顾客得到极致的体验。

2. 网上营销节约商家和顾客成本

三只松鼠的全部商品都是通过网络平台进行线上营销的，没有实体店铺，并且尽可能地通过软性服务，如松鼠客服、售后反馈、官方网站设计等弥补这方面的缺陷，通过情感上的交流打动首次消费人群。

三只松鼠能让顾客多次购买的原因还在于满意的物流体验。顾客当天下单最快当天就能收到，再慢也能隔天收到购买的产品。

三只松鼠对顾客购买、食用的每个环节，尽可能给予方便和优化。把坚果产品加工得更易剥，时尚质感双层包装，突出松鼠形象，提供各种工具，如为用户提供开箱器、吃坚果的工具、扔果壳的纸袋，甚至还有吃完擦手的纸巾，在送给顾客的包裹中会有一些有趣的提示语。

三只松鼠形成的品牌影响力，使消费者一想到坚果就联想到三只松鼠，节省了搜寻时间，网络销售的方式又便捷、轻松，减少了顾客精神和体力的消耗。

3. 方便顾客购买

三只松鼠主要以互联网技术为依托，利用 B2C 平台实行线上销售，并采取食用产品快速、新鲜的新型食品营销模式，这种特有的商业模式缩短了商家与客户的距离，确保客户能享受到新鲜、完美的食物。

物流仓储。为快速响应供应链系统，三只松鼠在全国建立三大仓储中心，保证早上 9 点前订单当日达，其余订单次日达。

4. 与顾客沟通到位

网络原创品牌塑造策略最基本的是要抓住顾客体验，实现有黏度、有人情味和互动价值的品牌传播，以情感、文化巩固品牌忠诚度。三只松鼠依靠成功的品牌塑造策略，在短短一年多的时间里，就让顾客一下记住“坚果”=“三只松鼠”，这说明网络原创品牌依靠互联网传播的渗透能力还是很强的。

三只松鼠通过建立完善的数据信息系统，实现对顾客的个性化服务。顾客购买的产品、打折商品的比例、单价、二次购买频率等，这些信息的识别可以使顾客每次购买“三只松鼠”产品所收到的包裹都不一样。

三只松鼠可谓把营销做到了极致，这使它的模式成为一个非常成功的代表。

在经济不断发展的当下，消费升级正成为新的风口。顾客从之前的功能性消费逐步“进化”到精神消费，大量消费新品牌也在这两年不断涌现。企业只有积累起最初的顾客和品牌效应，才能收获后来的成功。

方法 1：社群经济创造新商业

“社群经济”的出现，对整个商业从生产到消费的各个环节都产生了革命性影响，形成了全新的商业模式。

互联网的出现，突破了原有的时间、空间限制，使人们信息传播的边际成本近乎为零。而近期移动互联网的快速发展，实现了真正意义上的随时随地的信息传播。

在这样的背景下，加上身份验证、地理位置等技术的发展，很大程度上增加了社交的真实性和信任感，使原先互联网社区的弱关系加强，将线上的互动和线下的生活融为一体，因此聚集的用户群体被称为“社群”。

社群是基于传播媒介聚合到一起，进行信息传播、情感交流、文化和价值共享的用户群体。提到社群，很多人会想到乔布斯的苹果、雷军的小米、罗振宇的“罗辑思维”和罗永浩的“锤子手机”。这些案例正是成功运用社群的典范，也正是它们，让越来越多的人开始研究由社群衍生出来的经济，也就是“社群经济”。

社群经济相较于传统经济，其优越性主要表现为 3 个核心传播特征，如图 5-4 所示。

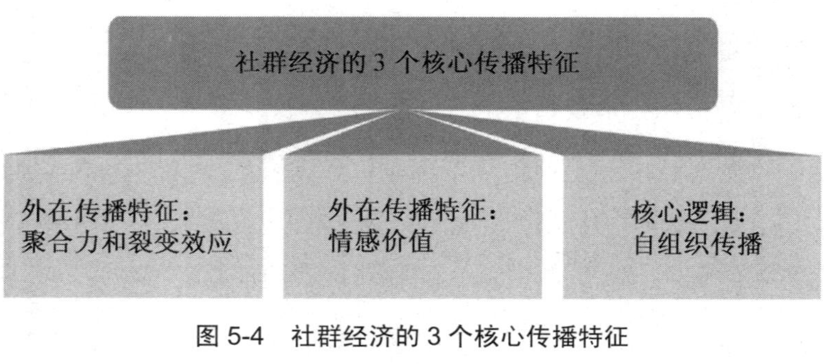

图 5-4　社群经济的 3 个核心传播特征

1. 外在传播特征：聚合力和裂变效应

由于移动互联网的便捷性，在社区组织内部，社区成员能够自由、高频、高效地传播和沟通信息，能快速生成“圈子”，产生很强的聚集力。而在社区组织外部，因为个体之间的关联，不同社群之间形成交叉。同一个体可以在不同的社群间切换。社群与社群之间这种多维度的关联性，使社群传播很容易实现跨边界的扩散，呈现滚雪球般的裂变，一个特定的引爆点就能引发蝴蝶效应，呈指数倍逐级放大。圈层式聚合力加上行裂变式传播扩散，使社群传播成为一种新型的传播方式。

2. 外在传播特征：情感价值

人类社群与动物社群的区别在于情感体验和价值传递。社群中的各个成员正是基于情感交流、兴趣图谱、价值认同，才聚集到一起的。也正是依托在信息交互上的情感价值传播，社群活动才得以保持，并实现可持续发展。社群体系一方面使人们主动参与社群互动，寻求满足感和归属感；另一方面，人们的满足感和归属感的加强，又会反过来促进社群的进一步发展，从而创新更多的服务。

3. 核心逻辑：自组织传播

何为自组织？自组织是相对于他组织而言的，即个体之间自发组织和协作的系统和过程。自组织不是个体的简单叠加，而是通过个体之间的非线性交互，产生协同效应，使自组织在整体上涌现新的特征和功能，即群体智慧的产生。在社群中，人们在自发组织和自主参与的过程中，不断进行交互传播、协作生产和价值创造。以维基百科为例，个体学习者不断创造碎片化的微内容，单一的微内容微不足道甚至错误百出，但微内容之间经过非线性的相互作用，互相纠错调整，产生群体协同效应，形成从无序到有序、从低级到高级的知识成果创造。

基于以上 3 个核心传播特征，“社群经济”的出现对整个商业从生产到消费的各个环节都产生了革命性影响，形成了全新的商业模式。

任何一家企业在发展过程中，都有可能碰到自身的发展瓶颈。企业只有找到适合自身的盈利模式，才能成功突破这样的瓶颈。

当然，所谓最合适的盈利模式并不可能是唯一的。因为不同行业的具体背景不同，而不同企业所处的微观和宏观的经济环境也在不断变化。因此，没有一种独特的模式能保证企业在不同条件下都能获得很好的利润。但是，那些被事实证明了的成功盈利模式，总是具有基本的共同点——发挥企业自身的、不同于其他的价值。

每家成功的企业都在于其能利用不同的商业模式，体现出自身独一无二的价值。在某些情况下，这种独特价值可能来自企业家个人的新思想，甚至可能是创业者的梦想；而更多情况下，这种企业的独特价值，来自产品和服务等因素形成的新组合，这种组合能够给用户带来额外价值，并展现企业的独特价值。

社群经济的未来方向，在我看来，是人本主义经济。社群化创新商业模式，很大程度上要建立在人文精神之上，人文精神可能在未来商业模式中占据着主导作用。“从心思考”是社群经济下的核心思考维度，不用传统的海量规模模式，直接走社群化模式，以人文聚人群，以人群带商业。

美好的事物总是充满情怀，在品质生活时代，从心出发，让商业回归人本，美好会如约而来。

方法 2：人人皆是网红

网红，就是网络红人的简称。网红不仅是当下较热的词汇，还代表着一个时代。在这个时代里，有网红模式的风雨变迁，有网红经济和网红生态，在未来还有变现的经济模式。**网红模式分为六大模式：电商网红、明星网红、虚拟 IP 网红、大众网红、重度垂直网红、企业家网红**。

在移动互联时代，通过直播 App，人人都可以实现网络直播，成为“网红”也越来越容易。在不久的将来，当网红变现的经济模式越来越清晰，这可能不仅是一种潮流，还会是一种再普通不过的职业。

任何行业都有其核心价值，行业核心价值诉求聚焦了企业打造的价值方向，所以企业家对行业与市场研究分析得越充分，商业模式的设计越具有吸引力，内部资源的整合越聚焦，赢得市场的机会越大。

不需要投资，只需要一台连上耳机的电脑、一个摄像头、一个麦克风，对着网络另一端的观众唱歌、跳舞、聊聊天，每个月就会有不菲的收入进账，这样的“工作”放在几年前似乎是天方夜谭。

网红为什么这么红？

分析其原因，我们会发现，由于网络直播正悄无声息地进入人们的生活，手机取代了电脑，95 后作为迷恋互联网的一代，有着不同于 80 后、90 后的特征和生活方式，他们不甘心做一个平凡的人，对互联网经济自然更不陌生。于是，思想开放又爱寻刺激的 95 后，主动把自己置身于网络世界，依靠超强的人气找寻认同感，甚至赚取生活费。于是，网络主播显然已经演变成一种新兴职业，特色的商业模生也应运而生。

这个行业的核心价值诉求聚焦在一个“精细”上，无论是录视频，还是做直播，不仅要把内容做精致、做细分，还要不断有新点子，才能留住用户。所以人们在谈论网红的时候，还会再给它加上一个后缀——经济。在网红经济萌芽的时候，谁都有机会，但谁都有可能被淹没。

网红经济的所有变现模式实际上是延伸“内容 + 社群 + 电商”，或者其他商务的变现模式。每个行业可能略微不同，但最根本的还是靠内容。内容加上社群，再加上电商的变现方式，就可以卖服装，这是情感连接。

未来，领先的直播平台和拥有高质量粉丝群的网红主播具有承载主流广告投放和引导实物电商的巨大潜力。有报告分析称，在未来直播平台的商业模式中，广告和实物电商将会扮演更加重要的角色。

未来，直播将成为电商玩家心爱的新玩具，他们将利用直播的形态和明星网红化的趋势探索降低用户获取成本的新玩法，消费升级与泛娱乐这两大主题将在电商直播平台相遇。

由此来看，市场分析更多是关注竞争对手的动向，有针对性地设计竞争策略，经营方向与竞争策略需要紧紧围绕着行业的核心价值诉求进行设计，这样企业经营才不会为了眼前利益迷失方向，从而促使战术胜利而避免战略失败的悲剧，企业经营不仅要有眼前的“苟且”，还要有诗和远方。

方法 3：总结品牌价值背后的规律

商业模式虽然五花八门、各具特征，但通过对其总结和归纳可以发现，成功的商业模式是一种比现有商业模式更能有效赚取利润的“方法体系”。因此，这样的方法体系需要建立在一定的核心价值上，而品牌化的核心价值，正是其重要特征。

纵观那些成熟的商业模式，我们不难发现，大多数企业将品牌作为能够独立经营运作的资产核心，以此对资源加以整合。这说明，在今天的商业模式中，品牌绝不只是产品和服务的标识，而是能够真正创造利润的资产。

篮球巨星乔丹曾经起诉中国乔丹体育公司侵犯其姓名权，这是因为他具有高达 1 亿美元的个人品牌价值。

品牌之所以在商业模式中具有如此重要的地位，与其价值特点有着密不可分的关系。任何为品牌价值付钱的用户，只能消费其价值，而无法获得品牌所有权。因此，品牌的价值能够不断重复甚至永久性交易，而且在不断带来利润的同时，还能让品牌价值继续累加。因此，品牌价值无疑符合了“马太效应”——有价值的更加富有，没有价值的一无所有。

掌握品牌价值背后的规律，才能处理好商业模式和品牌价值之间的关系，进而找准突破口，实现商业模式的重构。

重庆力帆集团的创始人尹明善直到 54 岁才开始创业。此前，他是出版界的一名编辑，按照传统观念，他很难创立一个颠覆性的盈利模式。然而，尹明善做到了，而其中的奥秘，在于他发现了品牌的价值应该如何运用到商业模式中。

一开始，尹明善只是生产摩托车的发动机配件，但是一段时间之后，他发现这一生产利润微薄，只能勉强维持企业的经营。不久后，他去当时的摩托车行业龙头企业建设集团参观考察，他在那里的维修部发现，如果能将发动机等配件买来组装后再出售，从中间环节获得的一辆车的利润就有 600 元，这比生产配件赚钱多了。

其实，尹明善当时看到的这个价值，连建设集团都没有意识到。

消费者之所以掏钱购买产品，是因为他们需要一辆完整的摩托车，同时也需要品牌带来的价值感。至于那些配件具体是什么来源，普通消费者并不一定在乎。这就导致配件生产企业很难获得品牌中的价值，更谈不上通过产品的溢价获得利润。但是，做整机则不同，无论大小，都有可能收获品牌价值，只要将自己的商业模式和品牌价值联系起来，就能离成功更近一步。

在这种思路下，尹明善开始改变他的商业模式：他先将发动机作为行业品牌来做大，然后通过不断发掘和创新该品牌，提升其整体价值，同时生产摩托车并形成产品品牌，最终将企业利润做大。

这个案例给我们的启发是，在企业所处的价值链条上，谁能够让自己对终端消费者的影响越大、距离越近，谁的利润就越多、越持久；要做到影响大、距离近，就必须突显产品的品牌价值；要突显其价值，则需要重视企业和消费者之间的互动。因此，企业内部首先应该认同品牌的核心价值。

品牌的核心价值是一个品牌经过市场检验并被市场认可的最重要的价值。这部分价值是独一无二的，具有明显的特点；具备强大的号召力，能够迅速深入消费者的内心；同时具备一定的兼容性，能够获得企业一切资产的支持和融入。

在商业模式中，对企业品牌的核心价值进行定位、维护和宣扬是许多成功企业的共识。而是否拥有这种核心价值，也是企业正确认识品牌价值和商业模式成功程度的重要衡量标志。例如：可口可乐是“活力、奔放、激情的感觉和精神状态”，宝马是“驾乘乐趣”，劳斯莱斯是“尊贵风范”等。

企业家不仅需要重视核心价值，还要关注对品牌核心价值的预估，因为这种价值是品牌向商业模式延伸的关键，如果延伸的领域太大，超越了商业模式本身所允许的空间范围，就会对品牌自身造成伤害。

以品牌核心价值为内涵，品牌的价值涵盖了更多的无形资产，企业家可以从以下 5 个方面进行评估和计算，以此预估品牌究竟能给自身企业带来怎样的利润和收益。

1. 品牌忠诚度的价值

所谓品牌忠诚度，是指品牌和用户之间黏合度的高低。较高的黏合度，必须通过一个或者多个品牌商标的传播和积累，通过时间资源的投入影响消费者的记忆。研究显示，品牌忠诚度的高低和用户对之前购买产品的评估结果有着直接联系。因此，想要了解并提高企业的品牌价值，就要加深消费者的使用体验和认知，提高品牌辨识度，从而提高粉丝忠诚度。

2. 品牌名称认知

品牌名称对商业模式有着很大影响。因为品牌名称能够在商业模式中发挥形象作用，代表着品牌的力量与联想。换言之，用户对品牌名称的认知度越高，品牌的价值就越能因此获得提升。

3. 品牌的质量认知和品牌名称认知相似

品牌的质量认知同样影响着企业品牌的价值，这种认知的关键在于用户对产品、服务质量的比较和判断。因此，企业家必须把提升产品和服务质量放到更长远的战略中来考虑。

4. 品牌辨识系统

品牌辨识系统影响着企业品牌整体概念的传播，其特点在于利用有形或无形的形象，传递关于品牌的整体感觉和意识。这一系统运转得越有效，就越能带动企业品牌价值的提升。

5. 评估品牌的其他相关资产

评估品牌的其他相关资产包括品牌中的技术内涵、渠道优势、社会责任感、地域文化和民族情感。

上述 5 个方面的因素是提升品牌价值的基础，也是评估商业模式中品牌价值的基础。因此，企业必须要认识到，只有集中评估和改变以上 5 个方面的因素，让品牌变得更有实力，才能获得更多的超额利润，让企业的商业价值不断提升。

品牌的前提是商标要注册，品牌的背后是质量与时间，没有质量的品牌是无源之河，时间则贵在坚持。品牌在商业模式中是可以实现自我复制的，而别人是不能模仿的，正因为品牌的这一特性，注定品牌作为一种资产是值得企业珍视的。

企业里有两只手，《无形之手》即商业模式，“有形之手”即品牌，两手都要抓，两手都要硬，才是最后的赢家。

实操案例解析：年入过亿的网红模式，打造超级品牌

2017 年，一个网红的淘宝店年销售居然突破 2 亿元，这个数字都可以与国内品牌店媲美了。在互联网时代，网红市场正在成长为一个新风口，并且成为一种经济模式走入市场。

经过市场的洗礼，网红在喧嚣之下开始形成分工明确的产业链条，网红不再是一个个体，而是成为一个品牌，背后的推手公司正成为最大的受益者，该公司依靠向公众输出网红品牌，创造惊人的经济价值。

那么，网红品牌是怎么制造出来的呢？

顾名思义，网红品牌其实与传统品牌还是有相同之处的，那就是这种品牌一定要被广大的用户喜欢和信赖。只不过，传统的品牌是靠质量和找名人做广告，而网红品牌的制造是把一个网红推向市场，即把这个网红打造成明星人物，让这个网红受到大众的瞩目或喜欢，然后借着“网红”的名气卖产品。

网红的推出形成了较为标准的流程，网红的首要条件是较高的颜值和傲人的身材，那么制造网红的第一步便是提升颜值，然后再在网红高颜值的基础上通过微博发布个性化内容吸粉。

等网红积累一定人气后，网红品牌便应运而生，他们发动微博、微信、贴吧、博客等可以利用的所有网络渠道加以推广。接着再利用火爆的人气，在平台上发布广告，这既是网红的收入来源之一，又是其幕后推手想达到的效果。

由此看来，网红品牌不仅需要团队支撑，还需要诸多独特的概念。

在 2015 年举办的乌镇世界互联网大会上，阿里巴巴集团 CEO 张勇成为“网红经济”代言人，他对网红店铺给予了肯定，网红品牌的影响力可见一斑。

截至目前，淘宝女装红人卖家数超千家，仅其中百余个网红店铺的粉丝量总计便超过 5500 万。他们依靠社交平台快速引进时尚风潮，在淘宝上进行预售、定制，配合淘宝商家的生产链，最终形成了独特的网红电商模式。

2015 年 9 月，淘宝为网红专门开设了 iFashion 平台。淘宝店铺作为网红最主要的变现途径之一，变现能力惊人。

淘宝数据显示，在淘宝女装类目中，月销售过百万的网红店铺约有 1000 个，其中一些店铺一次上新后，3 天时间就能实现普通线下实体店一年的销售量。

2015 年“6・18”大促中，销量前十的淘宝女装店铺 7 家是网红店铺。网红店铺中甚至出现了开店仅两个月就做到了五钻（至少成交 5000 笔）的案例。

艾瑞咨询数据显示，在 2017 年第二季度，网红电商的商品销售量增长了 171.4%；到 2018 年 8 月，粉丝规模在 10 万人以上的网红数量较去年增长 51%，粉丝规模超过 100 万人的头部网红增长至 23%，销售额达到 5 亿元。

伴随着网红市场的发展，网红间的竞争趋于激烈，特别是在以时尚博主和网红店铺走红为标志的网红 3.0 时代，当品牌出现集聚后，便会逐渐形成完整的产业链。可以说，未来的网红市场将会有更多人入局，前景不可限量。

网红不是名人专利，金句才是传播的流行语，商业才是真正的目的，所有形态无论如何变化，都是用户消费偏好的变化，是口味的变化而已，但商业的本质永远不会变。

网红经济是时代的产物，没有互联网何来网红明星？所以没有所谓大企业和成功的企业，只有时代的企业！

本章思考

思考 1：面对新经济，你对行业认知有哪些变化？

思考 2：你的品牌有效吗？请谈 3 点具体效果表现。

思考 3：如何打造适合自己企业的社群经济？

思考 4：如何结合企业特征打造属于自己企业的直播网红？

第 6 章

定位，抢夺产业新空间

不做第一，就做唯一

随着社会的进步，企业之间的竞争也日益激烈，而如何在千万家企业中脱颖而出，需要企业给自己一个清晰的定位。

定位，相当于一家企业在市场上选择的阵地；阵地，是企业抢夺用户心智空间的最佳方式。所以定位是企业战略规划的开始，也是企业构建优秀商业模式的起点。在定位步骤中，第一步就需要精确定义企业的产品和服务业务。只有定位好产品，才能把握好未来的市场。

产品的定位，在于企业用何种产品满足特定消费者或市场的需求，所以对产品的定位和对市场的定位是不应分开的。产品定位，意味着企业对目标市场进行选择，并将之和企业自身资源进行结合与优化。成功的产品定位，不仅是精准的，还能通过定位达到化腐朽为神奇的效果。

Pandora 和 iTunes 在在线音乐中占据主要地位，它们的免费模式不允许用户自行选择播放列表，绕开了其他免费模式面临的一些问题。

从那时起，Pandora 经历了来自其他音乐服务商的激烈竞争，如 Spotify 和 Rdio。Spotify 为特定歌曲建立了全权控制的按需播放列表，这是 Pandora 不能做到的。Rdio 的过人之处不在于它的音乐库或控制权，而在于它的设计。流畅的应用和庞大的音乐库让该企业轻易地吸引了用户，并在试用结束后轻松地获得了订阅者。

Pandora 这样的产品定位，很快让它拥有了一定的客户群，实现了商业模式中营销元素的变更，打开了新的商业模式，瞄准了利润的靶心，而其“功能定位”的方法也助其实现了产品的准确定位。由此来看，企业想要成为行业的代表不是做第一，而是做唯一。

> Uber 是出租车专车的代名词，是自出租车以来第一家提供车辆共享服务的企业。也有其他的竞争者出现，如 Lyft、Curb 等，为了竞争，它们需要提供一些与 Uber 不同的服务。于是，Lyft 在车头加入了胡子和拳头装饰的噱头，这就让它看起来更加友好，同时与其他竞争者区分开来。

企业要想保持自身商业模式的盈利能力，必须学会在营销中采取与竞争者不一样的策略，让自己成为唯一，这样才能增强用户对产品的需求。

在当今的全球经济中，尤其是网络经济，你不能指望自己是某个领域中的唯一一家企业，你不再是“镇子中的唯一一家酒吧”。相反，就像你可以吸引本地用户，互联网企业能够乘势而入并一举拿下本地市场，如亚马逊和本地书商的竞争一样。企业想要成功，就需要做到专门化。

要想企业通往成功的道路与众不同，需要尽量做到以下几点，如图 6-1 所示。

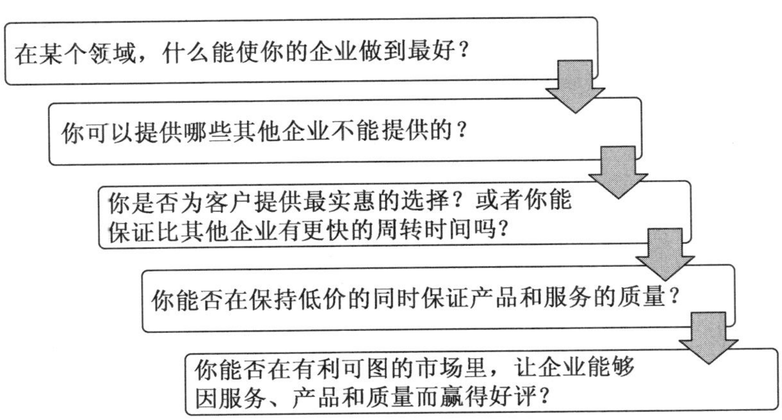

图 6-1　企业成功的要点

实际上，企业对产品的定位是否准确，决定了企业未来的商业模式能够拥有多大市场。以下这些产品定位方法值得企业学习和使用，如图 6-2 所示。

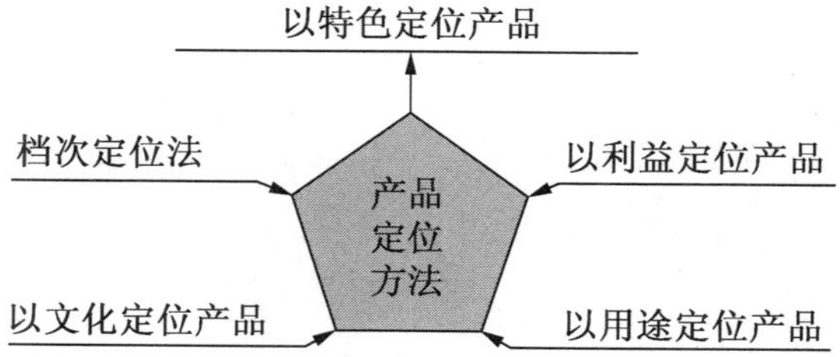

图 6-2　产品定位方法

1. 以特色定位产品

特色定位方法，即根据产品的特定属性进行定位。这些属性特点包括产品的生产技术、设备、生产流程、产品功能等，也包括和产品相关的原料、历史、产地等。

2. 以利益定位产品

利益定位方法，即根据产品能够满足用户的需求或者利益进行定位。所谓的利益不仅是产品本身能提供的利益，还包括其附加利益。例如：七喜汽水在刚推出时并不受市场重视，但随着企业将之定位为“非可乐型”饮料，迎合了当时美国的反咖啡因消费潮流，从而提供了足够的附加利益以满足顾客的健康需求。

一般而言，用利益定位产品，关键是要突出本企业产品的优势、特点，借之对目标用户产生吸引力，并突出产品的形象。

3. 以用途定位产品

根据产品的具体使用用途和场合进行定位，也能够很好地突显产品的价值。

而另一种重要的方法是为老产品寻找新的用途，从而实现对产品的重新定位，并根据产品的新定位获得新的利润模式。

4. 以文化定位产品

企业可以将不同的文化内涵注入产品，从而产生文化上的产品差异。这种文化定位能够使产品获得独特的个性。

5. 档次定位法

产品的不同，更多的在于其在消费者心中价值的不同。例如：对于较为关心价格的用户，产品应该主打低价的定位；而对于较为关心产品质量的用户，产品则应该主打高品质的定位。通过这些不同定位，产品自然而然就拥有了不同的档次，并通过满足不同顾客的需要，获得不同的价值定位和利润来源。

当然，除此以外，还有不少其他的产品定位方法。产品的定位实际上是商业模式本身就应该包含的利润获取途径和竞争参与策略，能够让企业借此在市场中找准利润的位置，创造竞争的优势。当然，在实际的商业模式策划和建立过程中，上述产品定位方法是可以综合使用的。

分析：找到细分领域新机会

随着市场竞争日益激烈、市场走向垂直细分化，细分成为创业公司的立足点，已经有越来越多的企业开始在细分领域寻找机会。

观察不同产业、不同市场，强弱之间的变化时刻都在上演。如果仔细观察，企业家们还能发现，在不同行业中，总有一些企业能够获得超过行业平均水平的利润收益。这些企业是如何做到的？我们更应该从其细分领域来看。

企业细分领域到底有多重要，我们不妨通过下面一个案例来说明。

两家企业同时做美容行业，利润却大不相同。前者主要做女士的高端护肤、美容、SPA 等业务，经营了 10 年左右，销售额达到 1500 万元，这家美容机构配备了外籍护理师，有着一流的技术、一流的管理。而后者主要做日常的护理、美容、美发、跟妆等工作，短短 6 年时间，这家店就开设了 10 余家分店，全年总销售额轻松超过了 2000 万元。

仔细研究两家企业的优劣我们能看出，后者的利润获取能力明显优于前者，而运营规模却不大。其中最重要的原因，在于后者细分了行业领域。普通的美容机构一般请不起高水平的护理师，也难以对团队进行充分的训练，因此，将注意力放在细分领域上更为准确和实用。

在我国还有很多创造行业第一品牌的机会。从大类上说，很多事情可能巨头都已经在做了。但如何在竞争充分和剧烈的市场中迅速做大？需要聚焦一个特别细分的市场。所有行业的佼佼者都有共同的特点：它们都是这个品类的先行者，甚至是开创者。

作为企业经营者，如果你正在做一个这样的细分市场，时间就是你的朋友，一定要抓紧时间来做。一个细分领域第一的机会来临的时候，你要赶快抓住，你的市场占有率要在 30% 以上才安全，这时不要顾及利润和投资回报，要迅速得到用户。在你成为第一之前，最重要的是你的用户成长的数量，而非你的收入。尤其是在互联网时代，先行者的效益是非常巨大的，传播成本比较低。

企业经营者不要以为一个东西已经有人做就没有机会了。你换一种方式做同一个东西可能就会创造出新机会。乔布斯做手机的时候，诺基亚已经很强大，乔布斯看到自己的手，想到可以用手指输入，这就是创新，微创新很管用。

一家公司的主要产品是汽车安防产品，其早期做的是传统的 CCTV 产品，而后才进入汽车安防细分市场。当年这是一个比较空白的行业，但该企业抓住先机获得了成功。几年后，该企业又转到专业的商用车领域，包括农业车、垃圾车和水泥搅拌车，此次转型让该企业再次成为行业的领先者。

由此看来，企业要想把自身的商业模式变得更加强大，需要的不仅是具体而微的管理工作，还需要在布局方面努力，而这和细分领域的定位有着紧密的联系。

企业的细分领域和好的战略定位有很大关系，这需要企业的战略定位能够为用户打造独有的价值，而且竞争对手也不容易模仿这样的战略定位。这就要求企业在布局市场之前，不能盲目地采取追随战略，而要积极寻求差异化的战略方法，积极主动地对布局加以改变，方能在竞争中胜出。

做好战略定位，意味着企业首先应该保持应有的专注，能够在布局阶段有明确的想法，让企业的资源集中在最好的点上做深、做透。这样市场布局就能朝着有利于企业优势的方向倾斜，集中资源做好大事情，让企业在竞争中立于不败之地。

战略定位还决定了企业商业模式的长期运营效果。因此，对战略进行的定位应该保持长期性、连续性。

观察中国成功的大企业我们就能发现，战略定位很少有改变的。以风头正劲的阿里巴巴为例：早在 1999 年，马云在该企业的第一次员工大会上就提出 3 个方面战略规划，如图 6-3 所示。

在此后的 10 多年里，企业的内外环境都发生了很大变化，但阿里巴巴这个战略定位的目标始终没有改变，尽管阿里巴巴的商业模式做过多次变革更新，但由于有了战略定位的保障，始终能够朝着正确的方向前进。

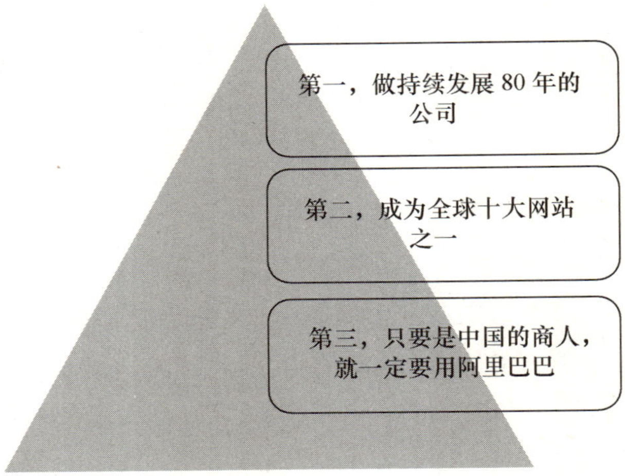

图 6-3 阿里巴巴在 1999 年的 3 个方面战略规划

任何战略定位都需要一定的稳定性，否则战略定位就会毫无用处，而商业模式也将因此难以成形。因此，企业的战略定位必须由企业的领导人制定，并通过他来带领企业团队认识战略定位的重要意义、继续向企业基层推行。当一个稳定的战略定位形成之后，不能因为领导人的变更而随意变更，否则就意味着企业商业模式的不成熟。

当然，尽管企业的战略定位应该是稳定的，但依然要具备良好和必要的灵活性。当企业的主客观环境发生变化时，如果只是盲目地坚持既有的战略定位、固守原有的成功，就有可能让企业的商业模式在竞争中处于不利地位甚至被淘汰。

综合来看，战略定位是制定企业商业模型的最前端环节，其定位过程包括诊断、战略形成和形成之后的执行评估环节。

首先是诊断过程。在这一过程中，企业需要结合内外部环境分析自身的经营状况，从中发现外部环境能够提供给企业哪些定位战略的因素，这些环境因素主要来自宏观因素、产业因素、具体的环境因素等。企业家应该分析这些环境因素对企业的不同影响，并确定企业战略发展的方向和思想，为提出战略目标打下基础。

宏观环境因素包括社会的政治、经济、文化和科学技术的变化；产业环境因素包括企业从事的行业对企业经营的重要影响，包括产业结构、产业变化趋势、市场竞争格局等；在内部环境因素上，企业还应该对现有的经营状况如综合业绩、产品开发能力和营销能力、财务状况、人员构成、技术能力、管理能力等进行分析，从而明确企业的优势和劣势、机会与威胁，做到扬长避短、正确了解战略方向。

在对企业的内外资源进行分析之后，我们就能根据分析的结果，决定企业采取怎样的战略定位。以下战略定位层次值得成长中的企业予以选择，如图 6-4 所示。

图 6-4　战略定位的层次

1. 总体战略定位

这种定位层次基于企业的长远发展需要，经过对企业经营重心的确定，规划企业总体行动，追求企业总体效果。因此，这个层次的战略定位可以确定企业未来的整体规划。这就意味着当企业面临内外环境的重大变化时，企业应该及时调整战略整体，如改变目标用户群体，重新分配资源，打造新的经营模式等。

2. 经营战略定位

这一定位主要集中在业务层面，包括企业对某一战略单元在其独特行业中的定位。通过这个层面的定位，企业能有效解决参与竞争并分配内外资源的问题。

3. 营销战略定位

这一定位主要集中在产品层面，即产品在顾客心中位置的规划。例如：运用品牌传播手段或者同类产品的竞争等，在消费者的购买计划中占据主导地位。

无论是较高层次的战略定位，还是较低层次的战略定位，都会相互产生影响，能够更大程度影响这些战略定位的则是对战略的执行。在战略定位的指导下，企业对经营战略、营销战略、市场战略、产品战略等不同层次的执行，应以企业总体战略定位为指导。而在实际执行的过程中，一定要注意避免受到其他利益的诱惑而导致定位的偏离，必须保持不折不扣地执行战略。

为了让企业战略定位更加适应内外环境的变化，企业有必要对战略定位做出及时而适当的调整，不断对战略定位进行优化，使其更加适合企业的发展。在这一过程中，企业不需要对战略定位进行大范围的变更，而应采用科学的方法对战略定位进行分析，从而找到适合自身的定位。

方法 1：定位市场，锁定应用场景

商业模型的定位和市场定位难以分割。市场定位，意味着企业需要根据市场的全面竞争情况和企业自身的资源，努力打造能够给用户留下深刻印象的产品，并将这样的产品生动而有力地传递给目标人群，进而确立企业商业模式的领先地位。

市场定位既受产品定位的影响，又受品牌定位的影响，且后者的影响可能更大一些。因为企业品牌的个性和形象能在用户心中占据更有利的位置，并将原本看起来没有差异的产品，变成与众不同的准确定位。

场景应用已经被特斯拉、宝马、海尔、创维、海信、唯品会、腾讯手游、蒙牛集团、绝味鸭脖、维多利亚的秘密、碧桂园地产、花样年地产、长江商学院、中欧国际工商学院、北大汇丰商学院等国内外知名企业机构广泛运用，多次引爆社交圈，成为移动互联网时代切合用户的案例。

除此之外，市场定位还包括对企业形象的定位。通过这样的定位，企业能够按照用户的实际或者心理需要，让企业独有的形象深入顾客心中并占据一定位置，从而获得企业形象的准确定位。这样的定位内容包括以下几点，如图 6-5 所示。

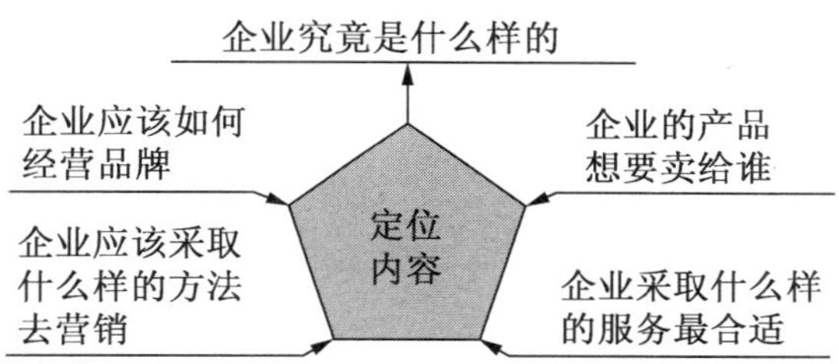

图 6-5　企业的定位内容

农夫山泉之所以能取得目前的成功，很大程度上得益于独特的市场定位策略。该企业结合自身的品牌、形象等差异，做到了差异化的市场定位，不仅让用户认识到农夫山泉的饮料价廉物美，还能让用户很容易将其产品和其他竞争产品区别开来。

那么，农夫山泉是如何做到这一点的，如图 6-6 所示。

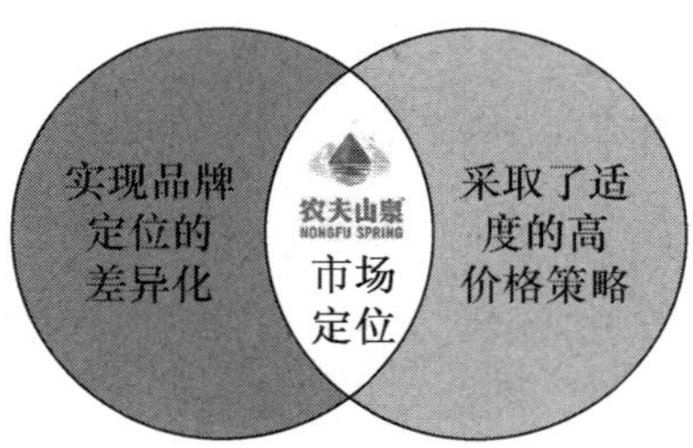

图 6-6　农夫山泉的市场定位策略

1. 实现品牌定位的差异化

农夫山泉抓住市场中的空白点，通过广告载体宣传“有点甜”的口感、“千岛湖”水质的纯净度等，对品牌进行了差异化的细分，找准了市场的切入点。

2. 采取了适度的高价格策略

在市场定位过程中，价格的定位是重要的定位手段，能够在消费者心中树立形象，并借助这样的形象联想产品质量、服务形象和广告对象、公关形象等。因此，高价格因素是农夫山泉确定市场形象的重要组成部分，也是支撑自我市场定位的重要手段。

在市场营销过程中，农夫山泉坚持“款到发货”的营销策略，提高了经销商对农夫山泉的信心。同时，配合市场营销上的造势，农夫山泉在短时间内迅速提高了市场的占有率。

在广告宣传上，农夫山泉并没有采取传统的密集广告营销方法，而是根据目标市场定位，采用差异化的策略进入市场。例如：强调青年学生的消费群体特点等，打造健康水的市场形象。

农夫山泉还利用社会形象的差异化打造自身市场定位和差异化的企业文化。

在传统商业观念里，企业追求利益是天经地义的，而且几乎是企业唯一的目标，但农夫山泉很注重公益形象。从 2001 年开始，农夫山泉就开展“每销售一瓶天然饮用水，公司就捐出一分钱”的活动。此外，农夫山泉还积极参与奥运会捐款、支持贫困地区的体育设施建设、赞助贫困学生等活动。通过这些活动，农夫山泉获得了良好的社会形象，实现了市场定位的差异化。

总之，农夫山泉利用品牌差异、广告差异、包装差异、定价差异、形象差异等多方面的差异化，注重企业市场定位的独特价值，让企业获得了能够长期在竞争中保持领先地位的商业模式。

研究农夫山泉的经验，其市场定位过程的关键就是企业在面对市场、构建自身商业模式时，应该设法获得比竞争者更强大的定位优势。因此，企业对市场定位的过程，可以通过以下 3 个步骤完成。

步骤 1：分析目前本行业市场的现状、特征，并能够明确企业的市场定位优势

在这个步骤中，需要分析在现有市场上，竞争者已经找到了怎样的定位、这样的定位效果如何；现有市场上的用户在寻求什么，是否得到了满足；企业应该为此做些什么。如果能够回答好以上 3 个问题，企业就能对市场现状有较为清楚的了解。为了正确回答上述问题，企业应该利用市场营销力量进行调研，然后系统地整理、分析有关这些问题的资料和研究结果，从中确定自身市场定位的潜在优势。

步骤 2：企业应该明确自身优势并进行初步定位

在定位市场之前，企业应该明确自身有何种优势参与竞争。这些优势既可以是现有的，又有可能是需要开发的，还有的则是需要通过挖掘创造的。对自身竞争优势的选择，能够让企业明确接下来应该朝哪个方向发挥优势进行定位，并据此确定企业在目标市场的初步位置。

步骤 3：将独特的竞争优势和市场定位结合起来

企业所确定的竞争优势，并不可能马上就在主观的市场定位中显示出来。因此，企业需要通过这个过程让竞争优势和市场定位充分结合。例如：企业可以进行一系列宣传营销活动，从而充分展现自己的独特优势，然后将这样的优势进行准确的传播，借之影响市场中的潜在用户，并给他们留下深刻的印象。经过持续影响，企业才能做到市场定位的准确性和差异性。

这些方法包括表现企业产品、企业服务、企业人力资源和企业形象的独特优势。

如果你能用一句话描述你的企业定位，大家一听就能记住，除了要遵循“第一或唯一”原则外，不同企业要根据不同行业，将自身优势与价值主张区隔开来，必须将区隔点、支撑点与需求点遵循逻辑关系统筹思考。一般来说，高端定位卖感觉，中端定位卖功能，低端定位卖价格。

在结合企业特点进行表现之后，企业的市场定位就能初步确立，如果没有产生负面影响，就说明这样的定位是正确的，而在某些情况下，企业需要对初步定位进行矫正，这也意味着企业需要重新定位市场。

方法 2：定位用户，引爆新品类

任何商业模式的成功设计和运营都需要以提供利益给用户作为模式的出发点。因为只有一定数量的用户形成组合之后，才能由组合形成平台，进而展开商业模式的扩大和复制过程。所以，从某种程度上来说，商业模式的设计和运行，离不开对用户群的正确定位。

自从步入互联网大数据时代，企业及消费者行为都发生了一系列改变或者说被予以重塑。在这个时代，企业无法接触客户，就无法了解用户的需求。那么，企业如何对用户需求进行有效分化，如何有针对性地细化用户类型，成为企业开发产品的重要议题，被越来越多的企业所重视。

企业定位用户有很多方法，如用户调研、问卷访谈、数据分析、市场调研等。我们针对产品的特点和自身的实际情况，更多地使用“用户画像”这种方法来了解客户，找到目标客户、触达客户，从而迅速、准确地定位服务群体，提供高水准的产品设计服务。

德鲁克在其著作《管理的实践》中，就谁才是企业的用户提出了以下问题：谁是企业真正的用户？谁是企业潜在的用户？这些用户在哪里？他们将如何购买？如何才能接触这些用户？用户购买的是什么？在用户心中，什么才是需要的价值？

只有先弄清楚这些问题，企业才能对用户情况有所了解，并进行准确的定位。弄清楚这些问题，不仅需要数字和事实的支撑，还需要企业领导者对这些问题进行深入的思考。换言之，任何能够获得成功的商业模式，都离不开对目标用户的精准定位。

米勒啤酒在被国际烟草巨头菲利浦莫里斯公司（下称“菲莫公司”）收购之前，在全美啤酒市场排名第八位，份额仅占 6%。销量第一名的安修索 · 布希公司市场份额占据 1/4；柏斯特蓝带以 15% 的市场份额居第二位。

当时，米勒啤酒的传播主题一直围绕“好朋友一起分享”，与其他啤酒相似，难以形成自己的品牌。菲莫公司收购米勒啤酒所做的第一步就是重新定位用户。通过市场调研发现，米勒啤酒的口味清淡这一点相当突出。于是把米勒定位为“口味最淡的啤酒”，强调米勒比较适合大量饮用，并根据这一定位制定“它是你辛劳后的享受”的传播概念。

这样一来，米勒啤酒开始倾向“口味淡”的用户。此后不久，米勒公司主力品牌海雷夫年销量达 2000 万箱，仅次于百威啤酒，名列第二，而米勒公司则成为仅次于安修索 · 布希公司的全美第二大啤酒公司。6 年后，米勒啤酒便成为全美第三大啤酒品牌，现成为淡啤市场的第一品牌。

事实证明，对用户的定位越独特和精确，就能越快地吸引潜在用户，达到引爆新品牌的目的，这样商业模式运行的成本就会更低而成功概率更大。因此，企业在设计商业模式时，一定要知道哪种用户群体才是你的精准定位目标。

值得注意的是在设计和运行商业模式的过程中，可能经常会出现目标用户群之外的用户选择购买企业的价值主张（这里暂把用户定义为客户）。即使这样的现象带来了利润，企业家也应该清楚地知道，这些用户并不代表商业模式指向的主要用户群体，而用户定位对商业模式的意义，在于企业能否让那些被

"瞄准"的用户提供被"瞄准"的利润。

企业进行用户定位的具体方法有不少，但这些方法的核心无一不是如何将那些重要的用户从普通用户群中区分出来，然后让他们和企业的商业模式建立一一对应的关系。下面的 4 个步骤能够为企业开展用户定位提供较好的借鉴，如图 6-7 所示。

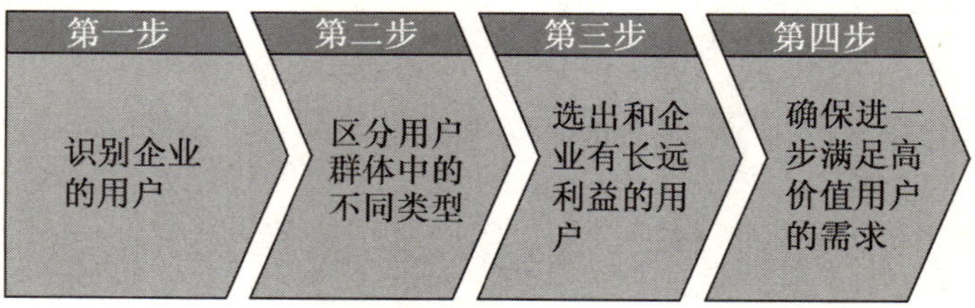

图 6-7　企业进行用户定位的 4 个步骤

1. 识别企业的用户

在一些规模较大的企业中，用户群体基数较为庞大，而对于其中的一些用户，企业并没有真正认识其价值，也没有了解他们的详细情况。因此，企业可以通过用户记录，包括内部的账目、客服系统、用户数据库、营销活动、会员制度对用户群体进行了解，或者以用户群体、分支机构、商业合作伙伴、第三方调查的数据资料进行识别。不管通过什么样的方法，企业都应该获得用户尽可能详细、真实的数据，从而为下一步做好准备。

2. 区分用户群体中的不同类型

企业应该衡量用户所产生价值的高低，包括对企业产品或服务的消费能力、消费潜力以及对企业的长期价值。通过这样的标准，再加上"80/20"的规则，才能有效区分用户。企业在对用户进行初步区分之后，可以将用户类型分成不同用户组，这些用户组之间有着明显区别，企业可据此逐步细化对用户的定位。

3. 选出和企业有长远利益的用户

把和企业有长远利益的用户选出来后，对他们进行高质量的营销和服务。为了做出准确定位，企业应该区别对待普通用户和具备价值与潜力的用户。企业应当让这些用户了解自身的重要性，让他们明确感受到企业为他们提供的价值。如企业可以让这些用户参与产品开发或者服务的设计过程，这样既能让用户得到理解和尊重，也能更好地满足用户的需求。又如企业可以对被准确定位为潜力型用户的群体提供适当的个性化服务，促使他们在这些服务的激励下消费更多，成为更具价值的用户。

4. 确保进一步满足高价值用户的需求

企业应该保持和这些用户之间的信息畅通，让产品和服务带有个性需求的特征，并确保这些特征能够和高价值用户的具体需求相对应。

总之，企业对用户进行重新定义，必须要尽可能快并准确地发现用户需求，然后致力于满足其需求。企业对用户的定位要从不同角度区隔，坚持在承诺范围内 100% 负责，而不是“顾客永远是对的”。用户可以引导，可以教育，甚至可以转化为经营者。企业必须从市场营销的第一线出发，直到建构商业模式的高层，追求如何发现用户的真正需求并予以合理满足，追求客户的“满意度”，而不是“满足度”，让用户定位过程逐渐变得简单、直接，而企业本身成为技术层面的操作者。

方法 3：定位新产业，赋能新玩法

优秀的商业模式，并不单指模式本身具有充分的价值，还表现在模式设计和运作过程中，企业所锻炼和拥有的卓越执行力。当企业可以依托商业模式，为用户创造独特的价值之后，就可以说企业拥有了充分的核心竞争力。

拥有创造力并能准确对之定位，才能让企业通过这种力量战胜竞争对手并实现持续经营。一方面，创造力能够不断创造非同一般的用户价值，从而有效冲击对手的商业模式；另一方面，准确的创造力能够迅速将企业的执行能力转化为现实的产品或服务，让企业不断发展。这样，企业就从创造力的定位中获得了商业模式的长远优势。

农村淘宝是阿里巴巴集团在各地农村落地的旗舰项目，借助其在全国各地建立的县域电商服务体系（县级服务中心 + 村级服务站 + 乡村物流）及电商生态系统（村小二 + 淘帮手），通过改造当地的产业供应链体系，逐渐探索出一条 S2B 的农产品电商上行模式，打通本地供应链（Supply Chain），对接天猫等平台的商家（Business），然后再卖给消费者。

新疆巴楚盛产一种绿瓤甜瓜，本是南疆盆地的普通品种，远没有哈密瓜、伽师瓜等的品牌价值高，不能给种植者带来更高的收入。

2016 年 7 月，农村淘宝、天猫和巴楚政府帮助当地网商维吉达尼，开始对该甜瓜梳理产业供应链，改进种植技术，打造全新品牌，于是“巴楚留香瓜”在网络快速升温，迅速占领市场。

2016 年，该瓜销售 536 吨，销售金额 1000 万元，农民每亩收入从 400 元提高到 1500 元。2017 年，该瓜的销售涉及吐鲁番市的鲁克沁县和托克逊县，喀什市的巴楚县和哈密市的伊吾县，惠及农户 1500 户，销售区域覆盖全国。

未来 3 年，村淘、天猫和巴楚政府将共建“沙漠农场”，在新疆塔克拉玛干沙漠边缘支持农户建立 1 万亩现代化的设施农业基地，包销全部蜜瓜，让 1 万名农户增收，希望将每亩收入从 1500 元再提升到 3500 元。

通过以上案例，我们可以发现，企业的创造力表现为两种能力的有机组合，如图 6-8 所示。

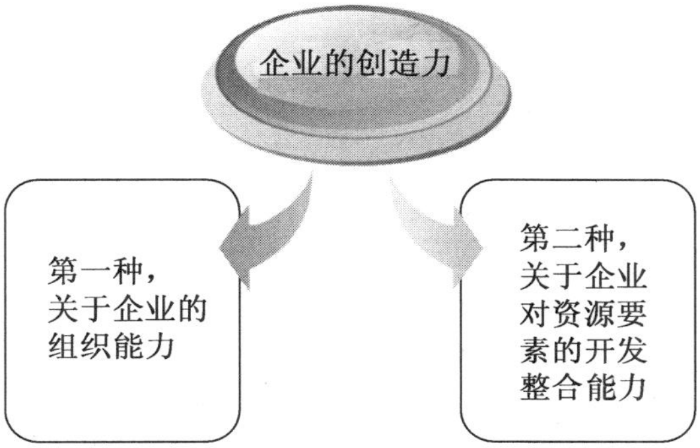

图 6-8　企业的创造力

1. 关于企业的组织能力

企业创造力是存在于组织内部的集体执行能力。组织能力不同于个人能力，也不同于团队能力，而是体现于员工意愿、员工能力与组织制度或文化许可下的综合能力体现，员工愿不愿干、会不会干与允许不允许干三者构成了企业组织能力的 3 个维度。和具体的人无关的能力不属于创造力，同时，只和个人有关而和整个组织无关的能力，也不属于创造力。

2. 关于企业对资源要素的开发整合能力

创造力必须能促进资源的协调和使用，必须针对整体的资源要素进行整合，而不是简单利用单个资源要素。以下步骤是产业创造的重要过程，如图 6-9 所示。

步骤 1：发挥企业家的推动力

企业家应该培养对产业价值的观察力，并通过个人工作将这种洞察力转化为推动企业创新的能力。这样，企业就能通过产业链的整合实现商业模式的创新，从而实现企业价值最大化。

为了发挥企业家个人的产业推动力，企业要充分认识到产业价值的重要性，同时还应该积极思考并了解产业企业的需要，通过产业链的整合，实现产业链上的企业共赢。

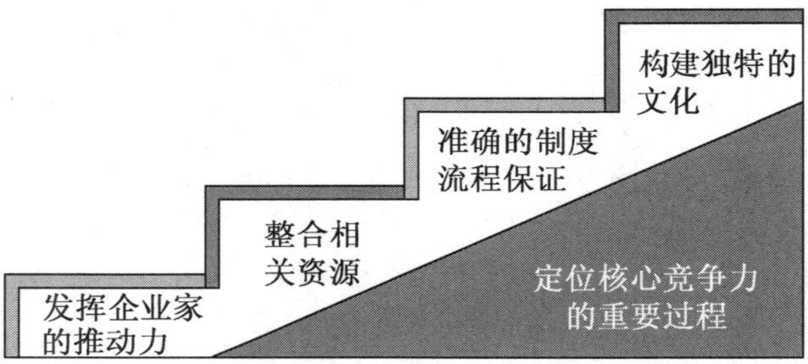

图 6-9 定位核心竞争力的重要过程

步骤 2：整合相关资源

在这个过程中，企业需要整合整个产业所共同需要的资源，如技术资源、信息资源、资金资源、人力资源、客户资源等。成为能够服务整个产业企业、能够为整个产业企业带来福利的领导型企业，巩固自身在产业的龙头地位，实现对“出牌规则”和“出牌顺序”的掌控。

步骤 3：准确的制度流程保证

产业整合要以准确的制度流程作为保证。如果制度流程不健全，整个产业企业依旧是各干各的，各有各的套路和办法，就无法形成统一合力，无法实现产业整合，更无法实现企业因产业整合而带来的强大的“聚变效应”。

步骤 4：构建独特的文化

产业整合靠的是凝聚力，而最能够形成凝聚力的就是企业文化。商业模式可能被别人模仿，企业文化却是难以复制的。因此，要想真正做到产业整合，最好的办法是从整个产业的角度提出并建设和实践产业整合的企业文化，让这个产业的企业都认同，并使其成为共同的价值观，让产业企业自觉地融合在拥有企业文化的商业模式口，从而达成企业的产业整合战略目标，实现企业价值最大化。

当然，定位产业创造力只是实现企业价值最大化的方式之一，而且产业整合需要不断地创新、与时俱进，方能始终保持领先，因为整个产业是不断向前发展的，如果你的企业跟不上产业发展的速度，就会被其他企业替代。

方法 4：改变定位，盈利结构再造

再好的商业模式，在实践过程中也不可能一劳永逸地获得定位。这是因为商业模式即使已经成熟并持续盈利，但企业内部的资源组合依然是不断发展变化的，企业仍然需要在实际应用的过程中对之不断审视、纠正和优化，才能让整个商业模式变得更加完美。所以，企业要随着市场的改变，不断定位其商业模式，让企业的商业模式实现盈利结构再造。

对企业来说，一条价值链包含数十个甚至成百上千个价值环节。这些价值环节既可以组合在一家企业，也可分布到多家企业，每家企业都拥有一部分价值环节，并分别形成该企业的内部价值链和外部价值链，内外价值链通过交易方式联结起来。

企业内部价值链中的价值环节，或数量增减变化，或排列顺序变化，或组合方式变化，或形态性质变化……这些都会带动外部价值链发生相应的变化，即能够演绎出千姿百态、千变万化的商业模式。

一家企业做了一个婴儿游泳的项目，一般的游泳馆都是用门票、游泳圈、泳衣来赚钱。由于竞争对手太多，这家企业改变了商业模式。

该企业项目策划人经过一段时间的思考策划，决定改变现有的商业模式定位：只要家长带着孩子来游泳馆，就不用花钱买门票，而且可以不受时间限制。

这个宣传活动一出，很多家长带着自己的孩子来这家游泳馆游泳了。一时之间，该企业生意兴隆，其他同行的客户瞬间转变为该家客户。

这就是成功的商业模式，因为商业模式所说的开拓的客户，是引导那些真正感兴趣、有意愿的客户来到企业布置好的客户界面上，为他们提供了解、体验企业产品或服务的机会。只要引来了足够多的客户，商业模式就成功了一半。

每个来到这里的客户，都会基于自身利益做出理性的选择，客户真正关心的，不是你的产品有多好，而是你的产品能给他带来什么好处。

现在我们再来分析上面的游泳馆，用户不花钱就可以进游泳馆，长期下去，该企业不赔钱吗？答案自然是否定的。既然是商业模式，必定是赚钱的。我们看该企业下面的设计。

其实，该企业的“免费游泳”只是一个“鱼饵”。真正的目的是重组价值环节，改变商业模式的定位。即对价值环节进行手术，如分离、剪切、重组、拼接、修饰等，再重新放回企业，最终为企业量身打造符合其自身实际、适合其自身需要的商业模式“新品种”。这种价值环节重组过程，也可形象地看作价值链路的“解构”和“重构”过程。

价值本身存在 3 种形式，如图 6-10 所示。

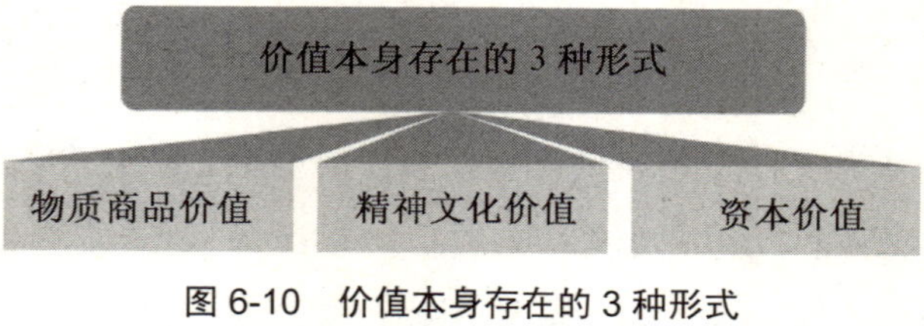

图 6-10　价值本身存在的 3 种形式

其中，物质商品价值又包括物质产品和生产性服务两种载体形式，所以该企业通过免费游泳吸引客户。然后通过测试对比，找到了一条适合自己的交易方式——保险。这个交易方式有以下好处，如图 6-11 所示。

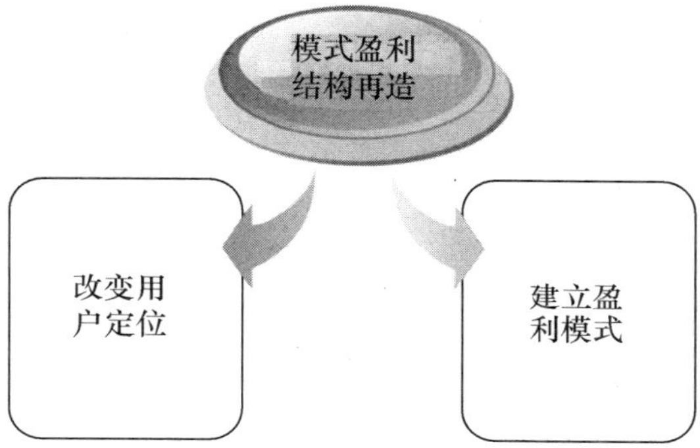

图 6-11　模式盈利结构再造

1. 改变用户定位

众所周知，保险行业是利润非常高的一种行业，其前景也很吸引人。那么这家企业是怎么做的呢？目前很多家庭只有一个孩子，为孩子买保险产品，大部分家长不会拒绝。

2. 建立盈利模式

这家游泳馆有专门的服务员帮忙看着小孩游泳，服务员这时可把大人领到旁边的屋子里喝茶、聊天，在聊天中挖掘这些大人的痛点，然后巧妙地切入保险，介绍保险的一些好处等。因为这些人是经过培训的，对保险行业非常熟悉。就这样，他们通过免费游泳吸引消费者，然后通过卖保险实现盈利。

事实上，当下任何一个行业或企业都有对商业模式改变定位、重新优化的空间和必要。

对商业模式的创新，绝不局限于对新产品、新服务的开发，而需要对商业运作模式进行调整、整合和创新。具体而言，包括以下这些步骤，如图 6-12 所示。

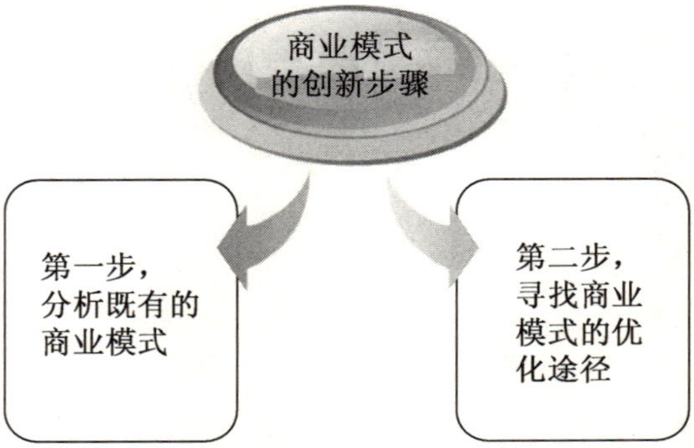

图 6-12　商业模式的创新步骤

第一步，分析既有的商业模式

企业应该对顾客、市场、产品或服务、过程、结构、风险承担和社会环境等因素进行较为系统的分析，以清楚地了解一个商业模式的功能、结构和现有发展状况，从而为企业家对商业模式的优化和创新提供更为高效的方法。

第二步，寻找商业模式的优化途径

重新定义顾客，选择新的视角对顾客进行细分，并为顾客提供特别的、更新的、更好的产品和服务，从而帮助企业更好地适应顾客需求，进一步获取潜在利润，从根本上对企业的商业模式进行优化创新。如改变提供产品或服务的路径，包括对分销渠道的改变，从而减少原有渠道中利润的损失，并通过降低成本和优化模式，获得更大的竞争优势。同样，改变收入模式也可以获得对模式的优化效果。

谷歌正是通过对原有商业模式因素的优化，创造了竞价广告的新商业模式；麦当劳则是通过将商业模式中的房产资源要素转租给加盟商，以获得租金的差额作为利润……除此之外，企业还可以通过转变交易模式，如进行信用交易、消费信贷、竞标或者分期付款、折扣、定价捆绑等优化方法，让商业模式紧跟市场的变化和发展。

除此以外，改变对用户的服务体系、在价值链中重新选择模式的定位等，都能让企业对商业模式进行二次定位。

企业获得长期竞争优势，源于对商业模式的动态创新，只有获得这样的动态创新能力，企业的核心竞争力优势才能形成良性循环，并让竞争者难以模仿、难以超越。

实操案例解析：良品铺子如何在 5 年卖到 45 亿元

从 2006 年起步的良品铺子，当时只租了一间小门面，经营的产品种类约有 60 多种，在不到 10 年的时间里，良品铺子创造了辉煌的业绩。公开资料显示，2015 年良品铺子的线上销售额为 12 亿元，全渠道销售额为 45 亿元。

从 2010 年开始，良品铺子拓展了商业模式，并于 2012 年启动了互联网电子商务业务，当年，良品铺子的销售额就达到了 9 亿元左右，其中线上电子商务的业绩约 1200 万元；5 年后，也就是 2015 年，良品铺子的整体销售额突破了 45 亿元，2017 年销售规模 72 亿元；良品铺子预估 2018 年将实现 100 亿元销售额。

分析良品铺子的商业模式结构，我们会发现，良品铺子改变了商业模式结构：截至目前，微信商城是良品铺子社交电商试水的重要部分，也是其全渠道商业模式的一个重要部分。

良品铺子的全渠道商业模式由门店、本地生活平台、社交电商、第三方电商平台和 App（筹备中）5 类渠道组成。线下 2000+ 个实体零售门店覆盖湖北、湖南、江西、四川、河南和深圳市。线上销售网络主要由一系列电商平台组成，包括天猫、淘宝、京东及 1 号店等第三方线上平台、自有的 B2C 网站以及自有的微信商城。

众所周知，微信商城绝不只是增加一个零售渠道。做微信商城、运营微信，对传统企业来说，是一个可控的渠道，是品牌和自己的粉丝交流，进而达成交易的重要路径。所以，线上获取新客的费用是很高的。许多规模小一点的企业，因费用过高不敢涉足微信商城。

良品铺子与众不同之处在于利用微信商城抢夺产业新空间。良品铺子会事先测算，线下商铺获取新客的成本可能只有 4 元一个。通过打通线上和线下门店，微信新客的获得成本仅为 2 元，线上平台电商的新客成本仅为 7 元。所以像良品铺子这样拥有传统线下流量入口资源的企业，持续聚焦微信，固化粉丝，具有巨大的势能。

2015 年春节，良品铺子发起了一个“过年就是要扑吃”的线上线下 O2O 营销战役。通过微信发红包、抢红包、分享红包、使用红包，同时，鼓励用户上传自己的笑脸，通过评估笑脸值，给出不同折扣，在“趣”和“利”的双重刺激下，用户自觉成为项目的传播者和生成者。

此外，为方便顾客扫码，良品铺子在门店、微信、微博、网站、候车厅、电梯、纸媒、海报进行了全方位的广告投放；整个活动期间，良品铺子的微信公众号共派发一级红包 300 多万个，二级红包 500 万个，红包带动销售 8000 余万元。红包转换率达到 20%，成功为微信平台加粉 40 万人，总体活动曝光 2.2 亿人次。

良品铺子在 3 年前投资 5000 万元做内部整合的 IT 系统，每年投资 9000 万元做产品研发，不停调整步伐，值得所有的品牌企业研究。

由此来看，传统企业做电商，要做好内外系统：外部协同是指企业在客户面前表现一致；内部协同则需要建立一个存储所有客户和产品信息的统一数据库，了解客户在全渠道电商形态下的购买行为是什么，并以此改变产品、业务单元和区域导向的组织架构。

本章思考

思考 1：按照“不做第一，就做唯一”原则，请用一句话描述你的企业定位。

思考 2：如果再定位你的企业，是什么？

思考 3：请描述你的企业目前可能延伸的 3 个产业。

思考 4：请写下 3 个产品可能的应用场景。

第 7 章
跨界整合，引爆新业绩

跨界整合，从有界到无界

进入移动互联网时代和互联网金融流行以后，跨界成为一种潮流，特别是在营销界跨界的使用频率越来越高。天猫与苏宁的跨界合作，使商业不再有线上与线下之界，无旧经济与新经济之分，使 O2O 的体验趋于极致，这也将带来商业社会中各个环节的变化。

我曾经在一些场合说过这样的话："凡是别人看得懂的商业模式都不是好模式。"许多企业家对此表示赞同和支持。换言之，企业家掌握了诀窍，发现了捷径，然后打造出的模式让局外人似懂非懂，虽然能够理解，却无法复制，这样的商业模式才是真正好的商业模式。

那么，企业家应该如何掌握其中的诀窍并发现捷径呢？答案是企业家必须懂得整合资源的重要性。

正如大家已经熟知的那样，企业的利润获取来源并不仅限于新产品和新技术，还源于企业所创建的商业模式。而今天商业模式的创新，应该建立在跨界整合之上。

企业家应该更好地发现交易者已经拥有的资源能力并加以运用，从而实现和交易者共同享用资源、合作共赢。形象一点说，就是先和合作者一起将"蛋糕"做大，自己也能获得更大的一块"蛋糕"；反之，如果"蛋糕"始终很小，即使企业全部占据，又能获得多少呢？因此，资源整合带来的利润多元化，应该是当前企业创新商业模式的出发点。

"无商不电，无电不商"。电商在我国飞速发展 10 多年后，开始从对传统商业的冲击走向与传统商业的全面融合，国内的整个商业链条也因为"电与商"

的交织而焕发新生。

2016 年 4 月 18 日，苏宁易购与天猫联手打造的“4·18”狂欢购物节不断升温，诸多电商也纷纷效仿，一场精彩的企业跨界整合的大戏隆重上演。

在此之前的 2015 年 8 月，阿里巴巴、苏宁宣布战略合作，双方不断打通资源，并且尝试各种创新的合作模式，试图摸索出一条“电与商”融合的最佳路径。截至 2016 年 4 月 14 日，双方经过 8 个月的磨合，已经打通所有系统。

此次“猫宁”的合作，是两者的第一次大规模“军事演习”，也将引领电商的发展进入一个全新阶段：电与商的有效融合，会全面给商家赋能，同时也将为用户带来 O2O 的极致体验。在一个全新、开放的生态中，商家、用户、平台将是共赢的，这才符合互联网“开放、透明、分享、利他”的精神。

所以，“猫宁”打造购物节的意义不在于“电商造节”，也不在于谁的销量更大。而是通过两个企业的跨界合作，成为新商业形态的典范。猫宁覆盖 6 亿多名用户，这也将成为中国消费升级的重要助推力量。

其实，不同领域的不同企业巨头跨界合作，是一种从跨界到无界的商业探索，如果运用得当，必将为两个企业引爆新的战绩。

合作的两个企业相互投资以后，再成立相应的合资公司整合双方资源，猫宁电商并不是第一家。在此之前，就有阿里巴巴战略投资海尔电器，并专门与海尔一起组建合资公司推动日日顺物流的社会化。之后不久，日日顺物流成为天猫电器城唯一的大家电服务商，不但帮助天猫电器城解决物流配送到村的“最后一公里”，更是加速了海尔日日顺物流的社会化转型。

2014 年，国内出现了不少大企业向外跨界合作的案例。例如：小米科技投资美的集团，美的相继与阿里巴巴、华为在智能家居和智慧家庭等方面达成合作。

大企业之间相互投资，只是家电企业与互联网企业跨界合作的第一步，真正目的是以双方的资本合作为纽带，加速整合双方的差异化优势，寻找落地的项目。关键就在于，资本层面的投资相对简单，链条并不长。但是一旦进入具体的项目对接和合作，就会牵涉各自的原有管理理念、文化，以及工作流程和规则，所牵涉的内部层层瓶颈和制约非常大。

在此之前，阿里巴巴与苏宁的合作率先通过“猫宁电商”这家新合资公司的建立，把原本只是分散在阿里天猫和苏宁云商两家公司内部的项目对接团队，通过新公司化的项目平台落地：将阿里巴巴旗下的淘系、猫系流量资源，与苏宁旗下的电器、红孩子母婴，以及 LAOX 海外商品资源和苏宁的物流配送能力，进行有效对接，探索新零售模式。

无论是阿里巴巴还是苏宁，都属于行业巨头，更重要的是均朝着平台化企业的目标迈进。双方既存在业务上的相互补充关系，也存在一线市场面向用户的相互竞争关系。如何撬动两个平台的对接与合作，可以说是一项长期而艰巨的任务。一方面，要打破两家企业的平台限制和文化理念门槛，寻找新的平衡点和交汇点；另一方面，又要整合两家平台的资源和优势，谋求更大的创造力。可以说，这就是一场从零开始的创业。

对所有企业来说，与其他行业和产业的跨界资本合作，只是第一步。接下来推动双方未来的深度合作，实现以项目为纽带的模块化、创客化才是关键的一步。就是以大企业的平台优势，赋予小项目的主动性和灵活性。即大企业做强之后，就要做小，才能打破传统组织困境，形成灵活、多变的竞争力。

通过以上大企业跨界整合的合作，企业家要清楚地看到，在经济全球化的时代下，企业只有不断整合资源，才能迅速提高企业的盈利能力。把手头的资源充分调动起来，机会才会变多，而通过资源的整合，也能让自己企业中不同的业务相互呼应和支援，从而获取更大的利润。

从某种角度来说，商业模式是管理模式和经营模式的综合体，而管理模式意味着企业如何对内进行资源整合，经营模式则意味着企业如何对外进行资源整合。商业模式的创新，无法离开对资源运作方式的创新。对一些中小企业乃至新创企业来说，即使自己拥有的资源很少，但如果它们能够善于对市场进行分析，积极发现对自身有利的资源，并把两种或者更多的资源进行交易组合，利用不同方式打造快速获利的模式，就能够做到以小博大、以少取多。

商业模式具有整合多少资源的能力，就意味着这个模式有多大的盈利能力。为了提高企业家整合资源的能力，我曾经给出以下建议。

企业家要能站在模式的顶端俯瞰全局，进而发现整个模式在其运作范围中利用了哪些资源，哪些资源是闲置的，哪些资源没有被充分使用，然后再对这些资源进行更好的匹配。

实际上，这一步骤还牵涉具体的取舍问题。因为尽管闲置和没有被充分使用的资源很多，但它们往往不是企业的商业模式真正需要的，对这些资源加以筛选和淘汰，才能找到最有用、最容易产生效益的资源。例如：强调产品创新为主的商业模式，其最核心的资源可能在于技术和生产方面；而强调渠道整合为主的商业模式，其核心资源则在于分销或者终端。企业有必要根据不同的模式特点选择需要加强整合的重点资源。

在对资源进行系统化整合的过程中，企业不但要注意在模式的框架内加强资源之间的联系，还要注意让模式和不同的资源拥有者、资源需求者加强联系，而联系的载体就是整家企业乃至企业家本人。因为任何成功的商业模式都应该是一种有机的系统，系统内部能够环环相扣，如果其中某环节失灵，很可能导致系统整体失灵。反之，如果系统整合得当、各环节通畅，就能让资源相互融合并建立市场优势，进而获取高额利润。

通过资源整合而获得的高额利润，必须让所有合作者都能享受到。因为强调资源整合为主的商业模式，更多地注重调动和借用他人的资源。而这种合作行为的前提，在于让更多的参与者和合作方都能从中受益。否则你的商业模式就很难说服更多的资源拥有者参与合作，从而让模式的利润来源渐趋枯竭。

垃圾是放错地方的财富，没有不好的资源，只有不会利用的资源。运用资源整合的方法打造盈利模式，是商业模式成熟过程中必须加以了解和熟悉的方法，企业家不仅要学会把眼光投向模式所代表的平台意义上，将模式看成资源重新搭配的发源，还要善于跨界合作。当你的模式能够带给他人更多资源组合的可能时，你的企业就会引爆新业绩。

分析：生态发展，一次投入，多点收益

“为什么我们企业的商业模式费了很大力气建立起来，并不断投入，收益却很低？”这是在我的培训和咨询工作中经常被学员问到的问题。

事实的确如此，在传统的商业模式中，盈利来源比较单一。许多企业只是通过出售其产品或向用户提供服务，然后依靠其中的主要业务获得直接收入。

“多点投入，单点收益”这样的商业模型，主要由企业不断支付成本并承担相应费用。但其结果并不乐观：随着企业资产收入和产能的增加，以及竞争的加剧，企业的主要利润越来越少。即使不会因此出现亏损，企业的销售利润率、收益率、股东投资回报等，也会伴随企业商业模式表面上的规模扩大而减少。不幸的是，中国大多数制造业是这样不合理的结构。

如果不能对这样的问题予以充分正视和解决，企业陷入商业模式运行的艰难状态也就不足为奇了。

解决这一麻烦并不困难，世界是普遍联系的，盈利方式和来源并不只有一

种思路。很多企业之所以拥有优秀的商业模式，是因为它们在专业化经营的同时，也进行了多样化的盈利。企业选择多样化的发展方向，能够做到一次投入、长期收益或多点收益，且伴随着规模的扩大，企业能不断获得新的利润来源。即使主营业务的利润率下降了，凭借多样化的投资，企业的资产收益和股东回报率依然能够持续增长。

在 2016 年中国移动全球合作伙伴大会上，小米公司董事长兼 CEO 雷军在演讲中透露，经过几年的运作，小米生态链企业数量已经达到 77 家，2015 年生态链硬件收入达到 150 亿元人民币。小米生态已经连接激活了超过 5000 万台设备。截至 2018 年 3 月 31 日，小米印度公司的总资产为 57.29 亿元人民币，净资产为 4.9 亿元人民币；2018 年 1 ~ 3 月，小米印度的营收为 61.27 亿元人民币，净利润为 -1.31 亿元人民币。

雷军在谈到选择投资生态链企业的标准时称，小米考虑的是这类企业的业务市场规模要足够大，用户需求足够强烈，产品与小米用户需求契合。更重要的是具备强大的团队，且价值观一致。价值观一致是小米生态链最重要的原则。这些生态链企业的创始人愿意与用户做朋友，愿意做高品质、高性价比的产品。

小米用优质资源支持生态链企业。绝大多数生态链企业是从零开始孵化的。小米不仅提供资金，还提供品牌、技术、项目管理和销售渠道，甚至是外观、供应链的支持。

雷军透露，在 3 年里，小米已经投资了 77 家生态链企业，有 30 家发布了产品，其中 4 家的估价超过 10 亿美元，16 家的年收入超过 1 亿元人民币，3 家的收入超过了 10 亿元人民币。小米生态链已经初具规模，小米生态链企业获得了巨大的成功。其中，小米手环排行中国第一、世界第二，总销量 2300 万只；小米移动电源排行世界第一，总销量 5500 万只；小米空气净化器排行中国第一，年销量 100 万台；小米耳机的总销量为 1800 万只；小米插线板总销量 550 万只；小米摄像头总销量 330 万只。

2016 年小米智能硬件生态的收入达到 150 亿元人民币。这些产品获得了 38 项国际大奖。雷军透露，小米电视在超薄电视市场占有率为 50%、小米盒子开创了物联网盒子行业、小米智能路由器在市场排名第一位、小米超薄本在超薄市场中占 25% 的市场份额。

小米从2010年成立迄今，估值基本以每年4倍的速度复合增长（2012—2013 年为 2.5 倍）。即使其 2013 年估值体量已达 100 亿美元，也未能阻挡其 2014 年估值增长 4.5 倍、达到 450 亿美元。那么，是什么让小米在 16 个月中估值从 100 亿美元暴涨至 450 亿美元？小米为何在 4 年中成长为中国投资领域中最能吸金的企业之一？答案就是雷军现在围绕小米手机＋ MIUI ＋电商打造的智能生态系统闭环。

实际上，雷军在创立小米之初，并未想到小米能成长为一家市值千亿美元的公司。2013 年之前，雷军在接受媒体采访时曾表示："小米的目标是成为一家百亿美元的公司，否则你做一家又一家 10 亿美元的公司价值有多大？一次又一次复制自己没有价值。"以小米成立之初"硬件＋软件＋服务"的"三驾马车"模式来看，小米避免成为一家纯硬件公司或移动应用公司，努力定义为一家硬软结合的平台型公司，此时小米对标的企业目标是看似遥不可及的苹果公司与三星电子。

随着阿里巴巴投资众多企业，并在上市后迅速成长为一家超千亿美元的公司，腾讯也依靠微信进行生态系统布局，谷歌、苹果也在 2014 年启动了围绕系统＋硬件的智能家居布局，手握小米手机、出货量快速增长的雷军，也顺应大势宣布推出了小米智能生态布局。

企业多样化发展是模式构建和运作策略中的一种，通过打破现有的产品界限和行业界限向多品种与多经营方向发展，主要有以下 3 种形式，如图 7-1 所示。

图 7-1　企业多样化发展的 3 种形式

1. 集中型多样化发展

在这种商业模式中，企业可以利用自己在产品生产或服务中的优势，以生产某一种主要产品为中心，积极生产并提供相近的产品或服务，以此拓展企业的利润来源。这种策略能够利用企业原有的资源对商业模式进行拓展，且拓展本身并不需要太大的投资，只需要一次性投入不多的成本就能够获得收益。因此，这种多样化发展能让企业获得较为现实的利益。

2. 水平型多样化发展

水平型多样化发展，即利用企业在市场中的优势及建立起来的品牌声誉，根据用户的需要，开发、生产跨界的产品，这种多样化实际上是跨越行业进行的，需要有充分的实力、资源获取能力和管理水平。

通过这种多样化的发展，企业的商业模式能够为互相并不依赖的市场提供利益，这样，商业模式运行的风险可以得到最大限度的分散与转移。与此同时，在众多产品中，很容易发现增长率最高的产品，以此改善企业的经营利润收入结构。

不过，需要注意的是，采取这样的多样化发展策略，需要在前期对商业模式进行较大的投资，而且需要深入了解市场。

3. 混合型多样化发展

这种策略指企业为了获得更多的利润，同时为了减少风险，积极发展和原有的产品、服务、市场甚至资源都没有直接联系的业务，这主要根据市场的实际需要来发展。

这里特别需要强调的是，无论一元化还是多元化，核心都是内部交易结构的稳健，没有这一点，所谓的多样化发展就是一句空谈。

方法 1：异业联盟，创造新盈利点

O2O+ 被喻为移动互联网时代最流行的商业模式之一，从各大互联网巨头的商业布局中可见一斑，近期大家发现众多线上巨头纷纷抢夺线下店铺，这就是马云提出的新零售和刘强东提出的无边界零售，而异业合作正成为 O2O+ 营销的下一个爆点，也是线上线下争夺的“最后一公里”。

2014 年 8 月，美团联合肯德基发起“1 元抢汉堡”活动，销售效果不错。2014 年 9 月 30 日，百度糯米效仿美团，联合麦当劳，在全国范围内举行“1 毛钱吃汉堡”活动。值得一提的是，这两次活动都由上海翼码提供技术支撑。

在这两个月的活动时间里，只要百度糯米新用户安装糯米的 App 后，就可以用 1 毛钱的超低价格获得一份麦辣鸡腿堡。对老用户来说，把活动分享给小伙伴，同样能获得 1 毛钱管“堡”的资格。活动推出后，新老用户踊跃参与，在短短 10 多天里，就售出了近 18 万份汉堡。

根据活动规则，用户只要拍下汉堡，手机上会收到一条二维码电子凭证，凭此去门店扫码提领即可。这次活动共发放了 125 万份麦辣鸡腿堡，支持麦当劳全国 2000 多家门店的验证提领。

团购网站在移动端的入口之争也有愈演愈烈的趋势。美团在全国 12 个城市推出新用户下载美团 App 即可以 1 元抢价值 15 元肯德基汉堡的活动，销售逾 60 万份汉堡。

百度糯米选择麦当劳、美团选择肯德基，是典型的异业合作。它们的成功，将会带动更多的企业达成共识，有可能成为今后 O2O 营销的新方向。

事实上，除了百度糯米和麦当劳这种巨头间的异业合作，还有帮助牵线的翼码在幕后积极推动，并用平台实现企业间的互相合作和引流。由此来看，翼码也通过另一种形式与百度、美团合作。

商家可以在平台上发布自己的营销品，也可以自由调用其他商家发布在平台上的营销品，从而实现互相引流，做大营销活动。平台化的好处是打破了过去无法实现的跨地域合作、大企业和小企业间的合作。

2017 年 9 月 2 日，“易业宝自动盈利大系统”启动仪式在北京拉开序幕，这是一个全新异业联盟盈利的商家大系统，有助于激活实体经济，振兴中国实业。

该项目主要为 3 类人量身定做，如图 7-2 所示。

图 7-2　项目的 3 类人

对商家来说，这绝对是一个赚钱的契机，商户可以利用该系统拓展客源、减少库存、增加利润，实现良性经营。同时，商家还可以得到以下好处，如图 7-3 所示。

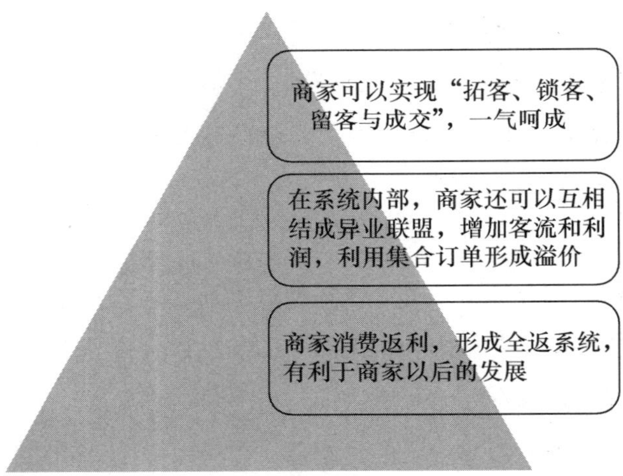

图 7-3　商家可以得到的好处

随着我国经济的发展，企业竞争日益激烈，纷纷需求合作共赢，新零售异业联盟已成趋势，许多企业已经达成合作。

方法 2：以核心优势资源进行跨界“打劫”

企业要想实现新的突破，跳出自身的行业与区域限制，“跨界”整合资源的能力要越来越强。

对企业来说，跨界既可以是自身单线成长壮大，也可以通过并购合作。总之是从一个熟悉的领域转向更有前景的领域，视野也更加开阔。跨界整合的前提其实也是资源、技术、产能的互相适配，如苹果收购特斯拉。从表面上看，手机和汽车完全是两个不同的行业，但如果仔细研究，我们会发现，手机和汽车在产品设计研发思维能力上还是有一定的匹配度的。

有人曾经用大树理论比喻企业的跨界整合。即企业的成长像一株果树苗的生长，要开枝散叶总要等到根深蒂固的时候。主干上分出来的枝干就好比业内深耕细分的产业，慢慢地伸到更广阔的领域。如果想结出别样的果实，就要有经验的果农进行嫁接。树还是那棵树，嫁接的枝干也成为那棵树的一部分，但结出来的果实已经是其他品种了，这就是一种跨界整合。

企业跨界经营，实际上是多元化战略，要跨界成功，必须先多元化，也就是上下左右的跨界。

企业要跨界成功，就要合理安排资源，把资源划分为两大部分，如图 7-4 所示。

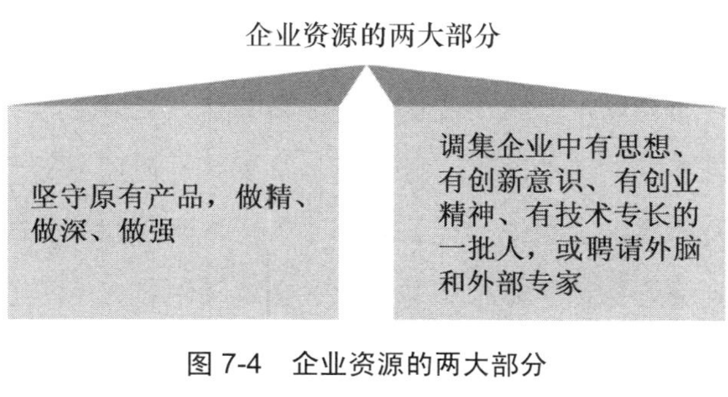

图 7-4　企业资源的两大部分

总之，企业一定要做好产品研发，做出让用户体验后无法拒绝的产品，再投放到市场中，进行真正的跨界经营。

一家企业可以采取多品牌战略，如宝洁。

宝洁公司始创于 1837 年，是日用消费品制造公司，多品牌战略的创始人，也是成功运用多品牌战略运营的企业之一。在中国日化行业占据了较大份额。2018 年，宝洁公司在世界 500 强排行榜中排名第 135 位。宝洁今天的成就在很大程度上应该归因于其成功地运用了多品牌战略。

宝洁公司在对不同的市场进行有效细分的基础上，在一般人认为没有缝隙的产品市场上找到差异，生产出个性鲜明的产品，而且成功地运用营销组合的理论，把每个产品都作为一个单独的品牌推销给顾客，甚至把同一产品的不同特色作为一个单独品牌，以此最大限度地覆盖不同消费层面的市场空间，获得了极大的成功。

苹果从计算机到手机沿用苹果品牌，再到今天的手表、iPad 等，未来可能有各种穿戴设备。国外公司的多品牌战略是因为在扩张中采用并购战略，当一个知名的品牌被收购之后，大部分用原来的品牌。例如：惠普原来是做测量仪器的，收购了阿波罗计算机后，把原来的仪器公司更名为安捷伦，将阿波罗更名为惠普，继续用原来的品牌。

对大部分企业来说，或许更适合的是跨界融合，也就是跨界与企业的核心业务融合。分析苹果的成功，我们会发现，苹果并不是简单的跨界，它与之前的计算机、口袋计算机（智能手机的前身）都是逐渐实现跨界融合的，然后完成转型。由此来看，企业的跨界和多元化一定要关注自己的核心竞争力，可能是品牌、渠道、产品、业务、管理等。

企业要进行跨界“打劫”，先要选择商业模式。目前，市面上比较火的两种商业模式如图 7-5 所示。

图 7-5　两种商业模式

1. 做一个点

企业把一个点做到极致，让这个点获得整个行业的大部分利润，如老干妈等。

2. 织一张网

很多企业做平台，起初不挣钱，主要是引导客户，挣以后的钱。

企业商业模式的本质是传递价值和参与竞争的体系。所以，企业对核心优势资源的利用，能够为企业的商业模式带来充分的竞争优势。只有具备了竞争优势的核心优势资源，才能够为商业模式提供价值，并确保企业的持续发展。

不过企业的核心优势资源能否发挥这样的影响力，更多取决于企业对商业模式的运用，以及企业能否将核心优势资源和其他资源结合。如果模式的设计和运作不能做到这一点，将带来严重的后果。同时，伴随着企业的成长和扩大，企业领导者也必须对企业所需要的核心优势资源进行不断调整，让企业不断获得新的定位。

企业把优势资源作为核心，建立商业模式的格局，是站在战略高度上。这种高度体现了优势资源作为核心要素的重要性，并将优势资源作为核心，围绕企业的使命、运行的领域，形成有机的整体构筑商业模式的基础。所以，对企业的优势资源能否做到合理分配、协调，是创建商业模式优势的核心内容。

企业家应该对企业目前拥有的资源的价值进行全面评估，从中挑选出核心优势资源。一般来说，企业家希望自己的企业可以拥有更多资源，但在现实中，企业拥有的资源并不是都能创造出应有的优势的。因此，企业家应该从战略角度出发，以超越对手为目标，对资源进行综合的权衡和客观的评估。

企业家应该多问问自己这些问题：**公司哪种资源最有价值？哪种资源能够更加持久地发挥作用？哪种资源能够做到独家拥有？企业应通过这些问题，对资源进行分类并测试，然后确立其中的核心优势资源。**

需要注意的是，如果企业由于各种原因，没有发现任何一种具有较高价值的资源，那就需要通过有效协调、培育，让现有资源成为优质的资源。

对优势资源，企业不仅需要及时发现，还需要长期保持。但客观现实是，优势资源往往因为环境变化或对手竞争而难以长期保持。企业只有积极进取、不懈努力，充分调动并不断投入企业内部的资源，提高优势资源的质量与数量，才能实现对优势资源的长期和充分利用。

企业要想保持优势资源应该从两个方面入手，如图 7-6 所示。

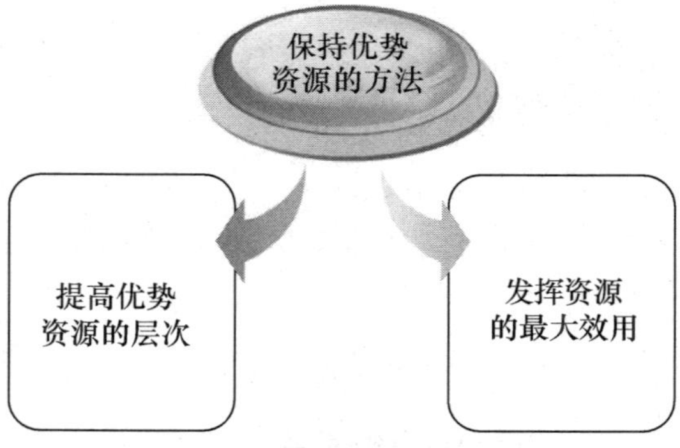

图 7-6　企业保持优势资源的两个方面

一方面，企业应该对优势资源进行投资、更新，从而提高优势资源的层次。另一方面，企业可以通过不断寻找新的途径，发挥优势资源的最大效用，从而保持优势资源在商业模式中的地位，充分发挥优势资源的影响力和渗透力，促进企业竞争领域的扩大。

企业要想运用优势资源，还需要进行有效分配和协调。一般来说，企业找到自己的优势资源之后，还需要对其进行积极管理、分配和协调，否则优势资源也会变得不再具有“优势”。

下面的方法可以帮助企业提升对优势资源的管理，并将之使用到自身的商业模式中，如图 7-7 所示。

图 7-7 提升对优势资源的管理的方法

第一，集中优势资源。将优势资源集中在某个能够与之匹配的竞争领域，从而制定专业化的商业模式，并使之形成发展战略，创建属于该模式的战略优势，使企业在竞争中立于不败之地。

第二，转移优势资源。当公司的现有优势资源无法产生最大价值时，企业就应该对其进行转移，将优势资源转移到与之相配的领域，创建新的模式战略优势。另外，对优势资源的转移，还可以通过对“人”的转移进行转换，因为优势资源并不一定都是有形的，也有可能是以知识、方法、经验、技能、职务、权力、责任等形式存在于不同的员工身上，在这种情况下，只有通过对“人”的转移，才能发挥这些资源的最大效用。

第三，共享优势资源。近年来，一些企业利用远程工作、电子商务、集成系统等先进的经营管理元素，创建了新的管理模式，并最终构建了强大的商业竞争优势。其中，很大的原因在于对优势资源的共享——让最重要的优势资源获得核心位置的认可，并以此调动公司的其他资源，从而获得整体性的优势。

在竞争速度越来越快的情况下，建立核心优势资源显得越来越重要，缺乏核心优势的企业，将会面临被淘汰的困境。打造战略优势，以优势资源作为核心，才能让企业获得长久的发展。

方法 3：灰度测试，让口碑说话

灰度测试是企业在某项产品或应用正式发布前，选择特定人群试用，逐步增加其试用者数量，以便及时发现和纠正问题。

在风云变幻的商海中，企业运用的商业模式也必须随时积极主动地加以调适。因为任何商业模式都有其必然的生命周期，而任何看上去曾经独领风骚的商业模式也会有不再风光的那一天。

2015 年 5 月 31 日，马化腾在中国香港大学李兆基会议中心大礼堂举办了一场创业演讲，演讲中爆了一个大料：微信的诞生史。

微信在诞生之前，腾讯内部有 3 个团队在同时做，主要竞争者为张小龙的 E-mail 团队和手机 QQ 团队。做这个产品之前，腾讯内部并没有给这个产品定一个基调，而是让公司内部激烈竞争，通过观察用户对产品的喜好程度和产品的实际完成情况决定上线结果。

马化腾的灰度机制是这样的：很多公司在一开始做产品定义时，要么确定它是黑的，要么确定它是白的。但是马化腾发现，互联网产品的定义是由用户投票决定的。一开始，我们不定义产品是黑，还是白，而是有一个灰度周期。在这个灰度周期里，让用户的口碑决定它是生是死，是白还是黑。

马云说过，对企业来说，“口碑”的重要性远远大于“品牌”。从古至今，口碑是最古老的营销方式，“酒香不怕巷子深”就是口碑营销极盛时的写照。

对企业来说，创造口碑不是目的，发现用户的反馈信息，并减少负面口碑，促进正面口碑传播才是目的，我们必须认识到，企业的最终目的是要用良好的口碑引导用户的购买行为，进而提高市场的占有率。

一般来说，影响企业口碑营销的关键因素有以下 3 点，如图 7-8 所示。

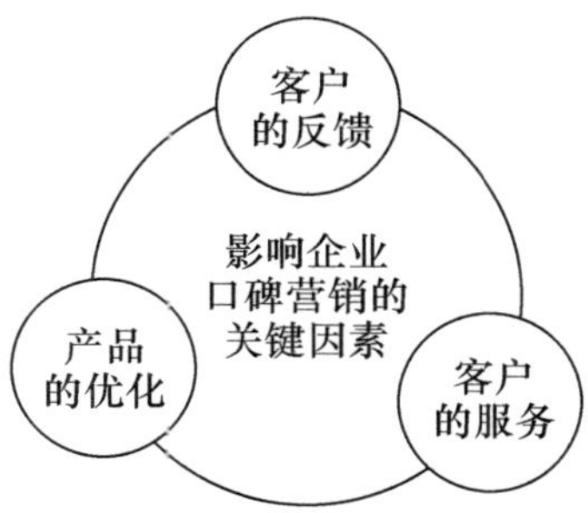

图 7-8　影响企业口碑营销的关键因素

1. 客户的反馈

调查显示：78.9% 的网民在购买商品前会先搜寻相关商品点评，超过九成的网民表示会在购物网站商品下方发表评论。由此来看，对企业来说，良好的网络口碑能更好地鼓励用户尝试，影响其品牌购买决策；网络口碑传播对企业的品牌传播和危机预警具有较大的意义。

2. 客户的服务

周到的服务态度是建立在产品销售的基础上的，注重客户的反馈是产生优质产品的关键，也是真正服务客户的态度。

3. 产品的优化

产品的质量是决定客户是否满意的先决条件。优良的物品质量与细心周到的售后服务最能让客户有愉快的购物经历，不仅能提高客户的忠诚度，带来再次销售，而且客户还会将产品推荐给朋友、家人，帮企业做宣传。

实操案例解析：怡食家超市跨界整合模式

居然之家集团对超市新业态寄望深厚。已在全国拥有 162 家连锁家居卖场的居然之家董事长汪林朋，曾在年会上抛出“向 600 亿元销售进军”的 2017 目标。其底气就是以超市、餐饮、电影院线、儿童培训、体育健身等新业态为支撑的“家居建材零售”向“家庭大消费生态圈”的转型升级。

2017 年 1 月 14 日，京城第一家多业态、多渠道经营、倡导健康饮食的怡食家超市，在北京居然之家十里河店开幕。

怡食家不只是一家购物超市，它还是健康新生活餐饮服务的一站式体验店。门店总面积 8000 平方米、卖场 4800 多平方米的怡食家超市，还专门腾出 25%～30% 的面积作为餐饮及休息区，其经营类型与意大利 Eataly“食材 + 餐厅”的体验超市形态相差无几。

为了带给顾客全新的生活体验，怡食家还为顾客提供了都市农场、室内花园、名家烹饪教程，提供了青花瓷初体验、进口健康美食、精选食材、中西美食餐饮、传统小吃，精酿啤酒、红酒体验。

怡食家把顾客体验的核心落脚点放在“慢食”上。即让顾客主张食用当地的应季食品，而提供的食品也符合自然生长规律。这种“慢食”的体验，能让顾客在都市的快节奏中放缓脚步，尝试用味蕾和嗅觉探索生活。

除此以外，怡食家为了保持亲民的价格，还规定与怡食家合作的经销商不用缴纳场地租金。同时，把削减的商业地产租金转化成价格低廉的商品回馈给顾客。

怡食家这和跨界整合的商业模式，在开业以后收效不错。怡食家预计在一年内，怡食家超市开到五六家。在北京开三四家，之后在全国各个城市开连锁店。

怡食家作为首家创新优势跨界餐饮的企业，其经营模式初见成效，具有很大的发展前景。怡食家是否能笑到最后，让我们拭目以待。下面，我们分析一下这种商业模式，如图 7-9 所示。

图 7-9 怡食家的商业模式

1. 消费空间的时尚精品化

门店选址基本上在购物中心，保证对到店客流和目标客群的精准定位，同时定义自己的形象和档次。让用户感到这是一个提供安全、可靠、时尚、商品精选且能够获得超值消费体验的地方。

2. 从一个消费场景打造跨品类的体验

从购买生鲜到购买熟食再到直接就餐体验食材等商品服务，组合出一整套关于“吃”的场景消费体验。

3. 在配送效率上追求体验升级

餐饮业的效率竞争在供应链上，并在配送效率上追求体验升级，好吃不贵、有面子正是对其的考验。

本章思考

思考 1：产业链延伸，你最容易获得的新盈利点有哪些？

思考 2：你现在所处的行业有跨界打劫的吗？（如果有，请举出 3 个案例。）

思考 3：你最希望开展的异业联盟的行业是什么？

思考 4：请思考把同行变为利润来源的 3 种方法。

第 8 章

交易结构设计，高利润企业的根基

交易结构保证收益点，使企业持续盈利

企业的商业模式的本质就是一群利益相关者把自己的资源投进来，形成一个交易结构。商业模式有一个很重要的关键词：交易结构。判断企业的商业模式是否好，要看其商业模式的价值是否大。一般来说，商业模式的价值由两个因素决定：一个是交易价值，另一个是交易成本。

> 如果一家公司的年营业额 2 亿元，若其中 1.8 亿元是老板赚来的，那交易成本就太大了，交易风险也太高了。万一这个老板发生意外，住医院 3 个月，那么公司的损失就大了。

真正好的商业模式，是要创造最大的商业模式价值，而交易价值的最大化，以及交易成本的最小化，才能创造出最大的商业模式价值。

交易双方持续交易，会创造新的价值，双方会按照一定的盈利方式分配这个价值。如果双方分到的价值超过了它投入资源的机会成本，这个交易结构就会越来越稳固。

过去的管理理论不提交易结构，现在它却变得很重要，是因为技术进步导致了交易成本的变化，又使重新构建不同交易结构的可行性空间变得更大了。

> 几年前，由于数字影院还不够普及，原有的影院要走向数据影院，需要投入高昂的设备费用和各种装修费用，导致很多打算从事影业的企业放弃了。

不久，一些大院线如中影等一起办了一个基金会，把资金投向设备，并把这些设备投入影院改造，只收租金。这种做法对一些小影院来说，资金投入大大下降了，也顺利把旧模式转换成新模式。

由此来看，企业在做技术革新时，要考虑、评估，当人们使用这项技术时，需要哪些变化？变化的成本会不会太高？如果能降低成本，就能把企业的模式往前推进。

商业模式之所以被重视，是因为企业家希望通过对模式的研究，实现企业利润的最大化。所以，在商业模式中必然包括企业如何为利益相关者提供服务的交易结构。

交易结构的商业模式包括以下几点，如图 8-1 所示。

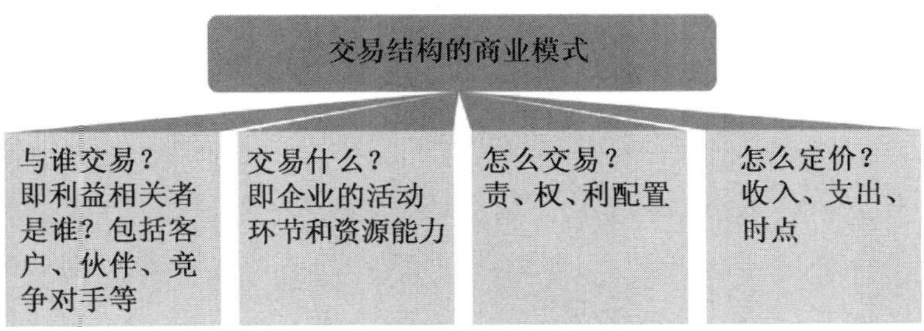

图 8-1　交易结构的商业模式

企业在确保满足顾客需求的同时，也能够通过建立交易结构，实现商业模式全面盈利，确保企业的利润到位。因为在建立交易结构的过程中，企业必然会考虑其中的交易价值、成本和风险，而对这些因素的控制和影响，能促使企业获得应有的利润。

任何一种商业模式中的交易结构，进行评估之后都有相应的成本。如果新创立的交易结构比原来的交易结构需要更多成本，那么很有可能是因为这种交易结构能够带来更多的利润点。换句话说，交易结构通过开发更多收益点，确保企业获得更多的利润。

这也正好说明为什么近年来，不少企业开始转型，将原来的一次性销售变成多次服务性的销售。虽然这种新的交易结构让成本有所提高，但是其体系中的收益点更多了，能够让企业赚取更多的利润。

一般来说，企业家应该对同一个交易结构进行评估，并发现这样的结构对用户和企业的价值有哪些意义，企业自身有哪些资源能力。如果企业能够精确地对交易结构进行评估、分析，就能清晰地了解企业是如何在交易结构提供的保障中获得高额利润的。

企业可以把交易结构看作帮助企业获得高额利润的重要手段：对同一个产品或服务，越能精确地通过服务评估其价值，企业就能从用户那里获得越高的利润。

企业最好从以下角度，对现有的交易结构进行评估，如图 8-2 所示。

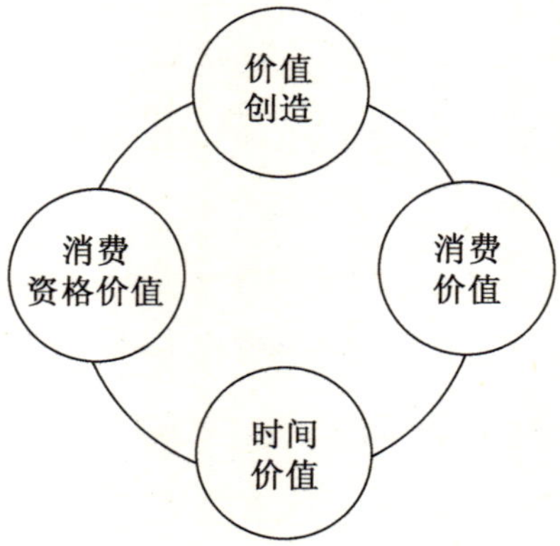

图 8-2　交易结构的评估

企业对现有的交易结构进行评估，能从中发现企业对资源整合用以交易的能力——如果企业本身有足够的能力整合资源，就可以采取新的方式（如分享费用、奖励费用等方法），对交易结构进行优化，这样产生的利润就是价值最大的。

交易结构具备的种种元素，综合表现为企业内部的配置和整合情况，能直接反映企业运用其资源的效率，并关系到企业如何提高盈利能力。

企业提高盈利的交易结构，如图 8-3 所示。

图 8-3　企业提高盈利的交易结构

被动收益是在非主动性的前提下自觉形成的，虽然企业能从交易结构中盈利，但对如何盈利、盈利的幅度、盈利的潜力等，都缺乏清晰的了解和认识，从而使其盈利模式缺乏应有的灵活性。反之，如果企业能够主动规划、设计交易结构，就能让企业通过对盈利过程的总结，实现对交易结构更好的系统设计，促使交易结构更加灵活，进而获得持续发展。

在交易结构中，对利润点的把握是最重要的。利润点在交易结构中的位置反映了企业投入和产出的状况。好的利润点能够在交易结构中锁定用户的需求，或为用户的利润源创造价值，并为企业持续带来利润。

值得注意的是，独特的交易结构是难以模仿的。企业必须通过确立自己与众不同的交易结构，建立较高的利润屏障，提高行业的竞争门槛，确保利润的来源不会受到侵犯。

成功的交易结构必然是脚踏实地的，能够将盈利过程构建在对市场行情的精确分析和把握上，做到对用户需求精确认识和回应，从而区别于其他企业所提供的交易过程，并因此确保利润的到位。

分析：交易结构决定企业的竞争维度

企业的交易除了必须能够盈利外，还决定着企业的竞争维度。所以，企业经营者作为交易结构的设计者，一定要看到交易结构对企业盈利能力和竞争维度的影响。

近几年来，思科把地毯式的扫描和并购新技术新公司，作为自己的竞争战略和成长路径。思科构建了自己的“行业雷达”与“风险投资”，保持与新技术的同步。作为上市公司，因为不适合扮演 VC（Venture Capital，风险投资）角色，所以，与其合作的风险基金红杉扮演了风投和孵化的角色，与思科形成战略联盟、结伴成长的关系。

思科和红杉合作后，具有两点好处。一是思科拥有了先进的技术，提升了自己在同行中的竞争力。思科利用自己的技术眼光、产业眼光和全球网络，扫描发现新技术公司，对项目进行技术上和产业上的判断，把项目推荐给红杉投资。二是思科获得丰厚盈利。由红杉对项目进行投资后，联手思科对项目进行孵化和培育。项目孵化成功，溢价卖给思科，变现回收投资，或换成思科的股票，让投资变相“上市”获利。

思科的案例，让我们再次发现企业交易结构的设计，对企业产生的影响。对企业来说，交易结构的资源利用和流程设计，考验企业的执行能力。这是因为很多企业的领导者把商业模式和交易结构混为一谈，认为商业模式必须赚钱。实际上这样的理解是错误的——商业模式强调的是价值传递，交易结构的设计则可以直接提升企业的竞争能力。所以，交易结构的指向将不再是面对企业的某个用户，而是能够把商业模式中包括的利益相关者都放在盈利的范围之内。

实际上，企业利益相关者包括外部利益相关者和内部利益相关者。在交易结构设计中，如果能让这两种角色都找到合适的位置并满足其需要，发挥其作用，企业盈利能力的来源就会更加丰富而有力。

对交易结构的改变，可以从以下方面进行，如图 8-4 所示。

图 8-4　加强企业盈利能力的方面

1. 由内及外地提高员工的满意度

在研究商业模式和交易结构时，企业家容易忽视内部人力资源即忽视员工的满意度。但如果将商业模式建设本身也看作交易结构的建立，那么，企业为员工提供的内外环境质量就会提高，包括给员工的物质待遇、工作环境、对员工的挑选和培训、奖励和认可等。这样，伴随着对员工满意度的开发，整个交易过程的质量也会得到提高，而企业的盈利能力必然随之提升。

2. 提高顾客的满意度

事实证明，那些将交易结构看作商业模式中重要内容的企业，往往能够提升顾客的信任，并能促进他们对商品的购买、对服务的接受。同时，好的交易结构还会让顾客成为产品的“义务推销员”——顾客会利用企业对内和对外交易结构上的优点，影响那些暂时没有接受企业商业模式的人。

3. 提高员工和顾客的忠诚度

随着员工和顾客对交易结构的熟悉和适应，忠诚度也将提高。企业内部员工习惯了这种内部结构，一旦顾客习惯按照企业设计的交易结构进行交易，企业将会看到从内而外的积极变化：在企业内部，员工主动流动率会减少，队伍将变得稳定而有凝聚力；在企业外部，企业的忠实用户会越来越多，意愿转化成购买率的可能性越来越高，而企业稳定利润的能力也随之增强了。

由此来看，好的交易结构不光是商业模式的组成部分，还是企业盈利能力的基础，是企业获得市场份额的利器，也是企业战胜竞争对手的强大法宝。

方法 1：高维打低维

提到高维打低维，最早来自科幻巨著《三体》，指的是具有高度文明的物种对低发展程度物种保持着无可争议的碾压实力。

从目前来看，我国未来产业分为 3 种，如图 8-5 所示。

图 8-5　我国未来的 3 种产业

一维世界正在推倒重建，二维世界被划分完毕（BAT 掌控），三维世界正在形成，高维挑战低维总有优势。

对许多传统行业来说，来自互联网的攻击的确难以抵挡，由于这种攻击往往不是市场份额高低的问题，而是生死存亡的问题。传统行业自然不会彻底消失，但传统商业思维已经被边缘化了，传统商业价值也在逐步萎缩。这就是高维商业模式与低维商业模式的比拼。

用友成立于 1988 年，在成立之初，用友抓住中国企业会计电算化和全球企业管理信息化的时机，快速成长着。1991 年，用友经过 4 年的发展，逐步成为我国最大的财务软件提供商之一，连续保持中国财务软件市场份额领先的位置。

1996 年，用友开始向整体企业管理软件延展。2001 年，用友公司股票在上海证券交易所挂牌上市。2002 年，用友在中国 ERP 企业管理软件市场的份额第一次超过国际 ERP 厂商 SAP。3 年后，用友一跃成为亚太第一大企业管理软件供应商。

无论是最大的财务软件提供商，还是最大的企业管理软件提供商，用友的商业模式都是传统的业务模式，这种模式的弊端是无论第一年业绩多么好，第二年业绩都会完全清零。

从 2005 年起，用友的商业模式从低维达高维。并从以下两点做起。

一是面对大型集团企业。用友在 2014 年开始提供 NC 托管、租用云服务等。企业经过多年的 IT 应用和普及以后，企业 IT 平台的规模、技术复杂程度得到大幅提升，这使企业 IT 面临前所未有的挑战。这些挑战具体表现在高昂的硬件成本、不断上升的管理运营成本、缺乏统一管理的基础架构而带来的管理困难，以及缓慢的业务部署速度难以满足快速变化的业务需求。以前 NC 的客户都是将 NC 部署在自己的数据中心，由自己运营。恰在此时，用友的云服务为它们提供了新的选择。客户只要选择购买 NC 软件再给用友托管，用友就把 NC 软件部署在 IaaS 平台上为它们提供运维服务；客户可以采用租用方式，也就是和 SaaS 服务一样采取订阅模式使用 NC 软件，这样客户可以享受类似 SaaS 服务的各种优势，包括前期投入少、部署快速、减少运维成本等。与一般的 SaaS 服务不同，由于企业部署用友 NC 一般是将其作为企业的支撑业务系统，流程复杂，系统定制度较高，对计算能力要求高，普通多租户模式的 SaaS 服务满足不了这部分高端用户需求，所以，用友提供的 NC 托管和租用服务都是单租户模式，也就是说一个用户独享一套 NC 系统，从而保证数据安全和系统性能。

二是面对小微企业。用友旗下的畅捷通在 2005 年就成立了事业部，2010 年成为独立子公司，2014 年在中国香港上市。畅捷通现在正通过全新的模式提供服务。基于云计算和 SaaS 模式，畅捷通一共推出包括“会计家园”“工作圈”“易代账”“好会计”以及“客户管家”5 个主要应用，融入了社交化、移动化、电子商务、互联网信息订阅等元素，为小微企业提供客户管理、协同工作、财务管理、金融服务等方面的云服务和云解决方案，为企业提供了新的信息化服务平台。

用友的“会计家园”和“工作圈”对客户完全免费。“易代账”服务于代账个人，用友利用这款云应用进行相关的财务管理，做出符合中国会计准则的一些财务报表。“好会计”可以让会计随时随地用手机和 PC 访问，在共享与互动中愉快地做好财务工作的一款 App。“客户管家”是提供给小微企业的销售人员的，让他们掌握客户数据，然后通过名片扫描、照片的方式管理他们的销售数据，从而提高销售效率。这两个应用的定位是基础版本免费，升级版本收费。用友通过平台导入用户使用的基础版本后，如果用户有进一步需求，用友会采用月租费的形式收费。畅捷通之前为企业用户提供软件包服务，目前开始向企业提供 SaaS 租用服务，收费企业客户已经达到百万家。

从 2014 年开始，用友把互联网的运营方式和商业模式搬到企业中后转型企业互联网。在公司的软件、云服务、金融服务中，企业软件继续为公司提供稳定的现金流和企业中的基础布局；云服务成为公司新一阶段的核心战略，2015 年实现了 80 万企业用户和 800 万个人用户。2018 年上半年，用友软件客户已达到 271 万家，用友云服务付费客户有 29 万家。公司实现营收 30.06 亿元，同比增长约 37.1%，云服务业务营收 8.49 亿元，同比增长 140.9%，增长迅猛。

用友从曾经的卖软件到 SaaS 服务再到运营服务，又从管理软件到云服务再到金融服务，最后实现金融、云服务和管理软件的融合创新发展，完成了从低维到高维的模式变迁。由此来看，企业互联网目前最容易突破的包括以下几点，如图 8-6 所示。

图 8-6　企业互联网最易突破的 3 点

1. 数字营销

涵盖了营销、销售和客户服务。

2. 协同工作

从个人级、公司级、集团级、企业内部到企业外部的协同。

3. 共享服务

包括企业财务和人力资源等共享服务；部分制造企业正在将后端与前端营销对接，包括供应链、采购环节，甚至制造环节正开始推进互联网化。

方法 2：无形资产优于有形资产

研究显示，我国未来高利润企业的特点，必须是无形资产优于有形资产。

对企业来说，有形资产是指那些具有实物形态的资产，包括固定资产和流动资产，如存货、对外投资、货币资产、应收账款等。有形资产就是有一定实物形态的资产，以具体物质产品形态存在的资产，如图 8-7 所示。

图 8-7　有形资产

无形资产是指企业拥有或控制的没有实物形态的可辨认的非货币性资产。无形资产有广义和狭义之分，广义的无形资产包括货币资金、应收账款、金融资产、长期股权投资、专利权、商标权等，它们没有物质实体，而是表现为某种法定权利或技术。但是，会计上通常将无形资产作狭义的理解，即将专利权、商标权等称为无形资产。

为何未来企业的无形资产要优于有形资产呢？

从市场角度分析，产品已经由过去的供不应求转化为供大于求了。当然，这不等于顾客不需要产品了，而是顾客对产品的需求在转变，过去人们购买的是产品，现在人们购买的是商品。

这里所说的产品和商品，就是有形资产和无形资产的区别。

以前的产品就是产品，是没有文化的，顾客需要，花钱就可以买回去；而商品不同，商品是有文化的，即顾客在买产品时，不仅是买产品回去用，还会关注你的产品品牌是什么？你这个产品质量如何？更重要的是顾客买的这个产品是哪家企业生产的？售前、售后的服务如何？

一旦顾客对一件产品有了以上关注，产品就从有形资产变成了无形资产。特别是 90 后的年轻人，品牌意识非常强，其购买的商品会选品牌，选名牌。

在他们看来，品牌代表的是生产厂家的实力，他们花高价请名人代言，代表的是信誉和质量，品牌更是代表了身份、地位、服务与时尚。选择品牌，等于选择了安全和时尚，满足了他们的心理需求。

是不是没有品牌的产品就没有质量和服务保障呢？是不是名牌产品的质量就一定比普通产品的质量好呢？

答案当然是否定的。国内有些企业的产品虽不是名牌，但质量远远超过了名牌产品，销售价格也不高，为什么就是销售不出去呢？

究其原因，就是传统企业的老板一心在产品的质量上下功夫，只生产产品，不打造品牌。

由于传统企业的老板热衷于投资有形资产，不想把钱投资在无形资产上，投资方向错误，导致企业越做越难。当企业制造的有形产品卖给追求无形价值的顾客时，产品自然卖不出去。

企业的衣食父母是客户，必须靠客户生存，但客户并不依靠企业生存，这是当今市场的规则。由于市场经济是客户选择企业，而不是企业选择客户，企业必须在有形资产上下功夫。不但要有准确的产品定位和市场定位，还要让企业的无形资产优于有形资产，这样才会让客户选择。反之，企业就只有设法满足客户，而不是改变客户。当客户在追求品牌和无形价值的时候，你只强调你的有形资产，是吸引不了客户的。

有形资产和无形资产较大的区别还在于，有形资产能复制和模仿，你生产的产品，别人照样可以生产。老板无法通过有形资产的竞争证明自己比别人生产的产品好。然而，无形资产不一样，所以品牌才值钱，而且品牌是不能复制和模仿的。这是在特殊环境，特殊企业经过了漫长岁月积累的知识或文化。即使市场上有相同品质的产品，但是由于产品品牌不一样，企业文化不一样，经营理念不一样，服务宗旨不一样，销售价格也就不一样，这种价格差距的背后是无形资产的支撑，是企业文化的推动。

在未来社会，懂得经营无形资产的企业老板，在做企业时会越来越轻松，越来越赚钱；而不懂得经营无形资产的企业老板，费力也难赚到钱。这就是市场经济下企业的生存法则。

方法 3：从赚钱到值钱

我曾经向许多企业家提出这样的问题："你认为企业的利润究竟由谁带来？"不少企业家给出的答案是直接的："顾客，因为顾客是上帝，是企业的衣食父母。"

这样的说法并没有任何问题，因为企业必须找到肯为其产品和服务买单的用户，才能实现自身价值。但这只说对了 1/5，企业要想拥有成熟的商业模式，必须让自己从赚钱变得值钱。这就好比对一个孩子的教育，他在小学阶段的教育，与他在初中、高中甚至大学的教育是不一样的。

企业在初创阶段，商业模式可能注重产品推广，让更多的人知道该产品。随着企业的发展，会开始注重企业的品牌形象。

企业的品牌形象是由企业的公共形象决定的，它来自企业最高决策者的经营思想及决策行为，来自企业最高决策者周围高层管理团队带领的经营管理团队的经营管理行为，来自企业组织系统及体系的不断完善带来的产品与服务的变化，同样也来自企业团队给消费者的信心。企业的提升是一个不断完善的过程，没有终点、只有不断精进，最终开创独特的市场格局。但这需要企业整体保持定力、始终坚持自己的初心，不断地自我突破与否定，在不断颠覆与肯定中寻找自我。

顺丰能够始终保持绝对的市场优势，就是因为它从赚钱到值钱进行了突破。

2016 年 5 月 23 日，王卫和顺丰，一个从未在公众视野里出现过的男人和他经营的家喻户晓的快递公司，不仅霸占了一整天的头条热点，至今也在持续发酵。

433 亿元，是关于顺丰上市的讨论中出现频率最高的字眼，凭借这个数字，顺丰再度坐稳中国民营快递一哥的位置。

从蜗居旺角砵兰街一角到成为国内快递业领跑者，顺丰的发展有火箭一般的速度。其创始人王卫在 2011 年接受媒体采访时还坚持“顺丰在短期内不可能上市，未来也不会为了上市而上市、为了圈钱而上市”。没想到 5 年之后，顺丰就跨过了“短期”，意欲通过借壳插队上市 A 股。

2016 年 5 月 3 日，顺丰控股召开股东大会，决议以现金分红 15 亿元。此次顺丰控股 100% 股权的初步作价为 433 亿元。

尽管估值并不是判定企业好坏的唯一标准，但在一定程度上反映了企业的实力。

以顺丰的盈利指标为例，顺丰客单价高众所周知。物资沙龙提供的数据显示，顺丰的客单价高达 27.8 元，相比之下圆通、申通只有 3 元左右，并有整体下降的趋势。以申通为例，中原证券在研报中提到，其 2013—2015 年的单件收入水平分别为 3.34 元、2.43 元和 2.92 元，远低于行业

13.4 元的平均水平。2017 年，顺丰快递实现快递件量 30.52 亿，同比增长 18.29%。

“顺丰能够支撑它高质量服务的唯一原因就是收费高。”华东地区的一位快递企业一级代理商分析，“其他快递都是在拼价格，收快递有收散件和客户件（协议件）之分，客户件的话，每件快递大概能赚几角钱？5 角钱左右。散件快递员去收的话也只有几角钱（这是一级代理点的毛利）。而顺丰全部直营没有中间抽成，每件快递收 20 ~ 30 元，成本即便高达 10 元，利润也非常可观。”

即便是这样的高利润率，顺丰仍然要通过上市打开融资通道，其对资金的需求紧迫程度可见一斑。

“这个吃紧我觉得主要的原因是目前的战略扩张太快了，对资金的要求越来越高。”电商物流快递行业综合解决方案提供商双壹咨询董事长龚福照说。

顺丰集团副总裁屠蔚在介绍顺丰鄂州机场项目时说：“美国联邦快递有 600 多架货机，我们只有 47 架，鄂州枢纽被定位为全国航空网络的‘心脏’，要真正成为‘心脏’就需要至少 100 架以上的宽体全货机，这是一笔不小的投资。”据了解，这种级别的物流中心全世界目前也只有 3 个，美国孟菲斯、路易斯维尔和德国莱比锡，分别是联邦快递 FedEx、UPS 和 DHL 的“心脏”。

顺丰要想打造“中国孟菲斯”需要多少钱？根据双壹咨询的估算，核心枢纽机场项目投资将达到 150 亿元，分拣中心的投资规模超过 100 亿元，这其中还不包括飞机的投入。以顺丰目前年利润 16 亿 ~ 19 亿元计算，要依靠一己之力打造“心脏”可谓遥遥无期。

除了机场项目，顺丰还进入了冷链物流，打造顺丰家，与多家快递公司一起投资“丰巢”，布局快递“最后一公里”，如此看来，顺丰网络已经规划好，但铺开每条支线都需要巨大的支撑。“价格在逐渐走低。同时各项成本，特别是人力成本不断增长，在这种局面下利润必然被挤压。”在龚福照看来，一方面需要大量的钱去投资，另一方面利润又越来越少，所以最终只能是通过打开融资渠道来支撑公司的发展。

纵观顺丰的发展历程，我们发现，为了能够占领市场，顺丰一直在调整和优化商业模式，主要表现在聚焦于顾客感知的速度与安全，通过软件与硬件的结合不断探索新的目标，通过队伍的不断优化与系统之间的不同融合并集中到产品端，提升顾客的体验；现在，为了扩大市场，顺丰又改变策略，通过上市融资发展。总而言之，顺丰的发展历程，就是从赚钱到值钱的飞跃。

对企业来说，要想变得值钱，就要改变商业模式，在找准行业核心诉求的基础上进行商业模式及经营流程的规划与设计、价值链的前置分配。同时确定开拓市场的政策，并通过软件技术与考核手段结合的方式进行流程节点的控制，包括市场排面的梳理、产品的迭代与优化，任何一个环节都需要在现实经营环境中不断提升。这个过程需要经营各环节之间关联关系的集成，就像新买的汽车一样，需要磨合。

企业的最高决策者一定要有立体的架构观念，亲自或授权专人负责企业运营系统的完善，监测各流程环节的数据，通过不断跟进、修正的方式提升企业的整体运营能力，让商业模式变得更完善。

经营系统是为支撑经营结果服务的，是呈现行业核心价值诉求的载体，在运营过程中难免出现短期利益与系统完善之间的矛盾，甚至颠覆经营系统，这是考验企业最高决策者定力的时候。

精练、高效、聚焦核心价值诉求的经营系统是根本，需要企业决策者及全体员工在既定规划的基础上不断完善、不断修正、不断精进。一个高度融合的、集成的、充分展现核心价值诉求的商业模式，才是企业的核心竞争力。

商业模式需要企业在经营系统中完善与提升，需要企业持续提高创造力与创新力，需要企业上下思想的高度一致。可以说，企业只有不断优化商业模式，才能保障企业的效益。

实操案例解析：交易结构创新的居泰隆

居泰隆的商业模式可概括为建立一套“信息系统”，把家具供应商和销售商整合起来，以减少中间环节，降低流通成本。

具体来讲，居泰隆通过内部的“产品建模中心”，对家具厂商的产品进行信息化建模，使家具产品适合通过“信息系统”在电脑上展示。这样，零售终端就不必像传统的家居大卖场那样，租用大面积的门店展示家具，降低了家具零售环节庞大的展示成本。

这样一来，居泰隆通过快速发展低成本的“连锁门店”——门店面积一般为 1000 平方米甚至更小，不到家居大卖场的 1/10。

顾客的采购信息汇集到居泰隆的门店及网站，再通过“信息系统”传到厂商，实现了需求多元化的规模采购，从而降低了采购成本。

在物流方面，居泰隆由“第三方物流公司”负责统一配送，将货品配送到门店，再由门店配送给客户。

居泰隆就是通过家居用品销售的差价和合作伙伴的佣金返点获利的。

对居泰隆而言，配送中心、产品建模中心、培训中心、网站等是内部利益的相关者，它们都具备相对独立的资源、利益的输入输出和利益诉求，可以作为交易结构分析的独立对象。而物流公司、家具厂和顾客，无疑是居泰隆的外部利益相关者。

门店由于既有加盟，又有参股，还有直营的，这和居泰隆的培训中心等相比，属于外部利益的相关者；而与客户、家具厂商等相比，又属于内部利益相关者。所以门店称为类内部利益的相关者。

居泰隆这家企业的“边界”可以有 3 种划分方式：一是只包括内部利益的相关者；二是包括内部利益的相关者和类内部利益的相关者；三是包括所有的利益相关者，即整个交易结构。

这样，我们可以在居泰隆的利益相关者的交易结构示意图上，画出 3 个圆圈，分别表示用这 3 种不同划分办法而形成的企业“边界”。

事实上，分析企业的战略和竞争优势，越来越难以决然地抛弃外部利益的相关者了。而单纯地管理内部利益的相关者，会造成企业家顾此失彼，只见树木不见森林，因此，我们常听人们说，企业之间的竞争是链条间的竞争或生态环境间的竞争。

如果我们在居泰隆的交易结构图上，把各内部利益的相关者统统省略掉，将居泰隆整体作为交易结构上的一个独立节点，就看不到培训中心、产品建模中心、配送中心、网站等内部利益的相关者对整个交易结构的作用了。

问题是，如果不能把这些内部利益的相关者放在和外部利益的相关者平行的位置上，我们就很难在商业模式的演化和重构过程中，关注到同一个利益的相关者在内部、类内部和外部之间的动态变化。

而把同一组部门定义为内部、类内部或外部利益相关者，意味着完全不同的交易结构，会产生完全不同的商业模式。所以，在分析交易结构的过程中，界定清楚内部、类内部和外部利益相关者，是设计商业模式、判断商业模式的价值创造能力的前提。

本章思考

思考 1：你的企业是赚钱的还是值钱的企业？哪些属于值钱部分？

思考 2：成本转化为利润有可能吗？（如果可能，如何做到？）

思考 3：请盘点你的资产，并思考下一步的行动计划。

思考 4：请画出你的交易结构，找出差距并发现新利润。

第 9 章
市值新战略，抢占产业高地

拓展利润池，赢得新的生存空间

利润是企业的血液，没有利润，企业就不可能生存，更谈不上发展了。企业不但要关注销售收入增长，还要关心利润的获得。

在互联网时代，随着市场竞争的加剧，企业要在主营业务之外，拓展更大的利润池，才能赢得新的生存空间。

那么，企业如何拓展利润池呢？

可以选择利润池平移。**利润池平移是指企业在主业利润率很低的情况下，把利润增长点向主业外平移。利润池平移与多元化的不同在于新的利润增长点还是以原来的主业为核心或依附的。**

杂志公司最初主要是靠杂志的销售量为公司创造利润，但随着各种自媒体的加入，市场竞争加剧，卖杂志的收入连印刷成本都无法收回，更别提创造利润了。在这种情况下，企业要想赢得新的生存空间，就必须通过其他渠道拓展利润池。于是，杂志公司开始寻找为其他企业或公司做广告，用广告赚来的费用拓展企业的利润池。

上例中杂志用的广告费用，就是把企业利润池平移到了广告收入，而广告收入是完全建立在杂志的销售量上的，算不上多元化。

企业利润池平移和一体化相近，但也有所不同：一方面是利润池在横向上的平移，并没有涉及产业链上下游的核心业务。例如：目前很多企业进军电影和电视行业，目的不是进入影视界，而是推动主业的发展，保持主业的利润。

另一方面，利润池平移会更注重纵向上的扩展，通过主业的关联业务寻找新的利润机会，这时就更没有一体化的特征了。

可以说，利润池平移是一个解决主业利润稀薄问题的方法，分为 3 步，如图 9-1 所示。

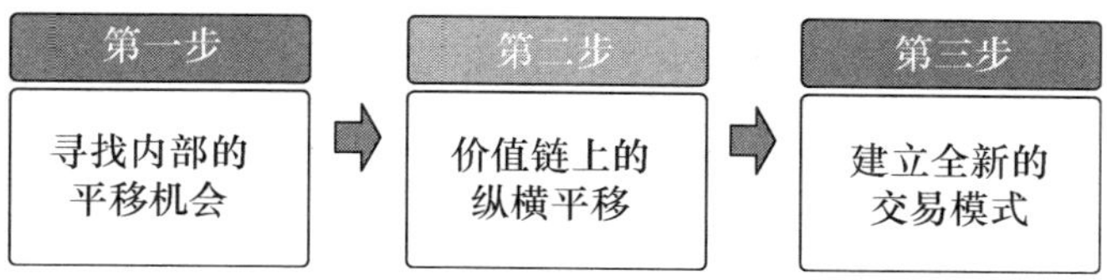

图 9-1　利润池平移的 3 步

1. 内部职能利润化

在传统企业中，利润部门包括生产部门或营销部门。在产品经济时代，生产部门被重点强调；在市场营销时代营销部门被重点强调。而对于这两个部门之外的其他部门，因为不能直接创造利润，承担的都是辅助职能。

如果在利润池平移的情况下，这种禁锢需要被打破。服务、研发、物流、采购、财务、营销等部门，都是可以直接产生利润的。企业要做的是通过某种方式把这些成本中心变成真正的利润中心。

2. 服务利润池

前几年，企业只要拿到订单，卖出产品就有了利润，所以营销部门倍受重视，售后服务部门被看作成本中心。目前实物产品越来越同质化，利润也越来越低，而围绕产品的服务是可以差异化的，并且难以模仿，于是，许多企业开始挖掘新利润池。特别是开发对顾客而言非常重要的服务项目，从而在物理产品之外创造服务利润。

精伦电子服务有限公司是一家生产公用电话终端设备的龙头企业。随着国内公用电话终端市场进入衰退期，由于产品价格下降和客户采购量减少，该行业利润大大降低。公司经过调研认为，市场的重点已经从新增量向保有量转变，顾客对服务的需求日益增加。于是，其领导层确定了从产品制造商向服务供应商转变的发展思路，并从内到外进行调整。

在内部，他们利用售后服务部门成立独立的利润中心——服务中心，并与制造中心、研发中心、销售中心并列为公司的四大中心，在内部进行服务定价和结算；在外部，扩展对电信运营商的服务功能，将其从以前辅助产品销售提升到独立的服务业务，包括为客户提供终端产品维护和系统平台的维护升级等支持，并且从以前的免费项目变为收费项目。

这样一来，为了降低运营商对产品采购价格的敏感，他们把一部分利润从产品销售平移到对存量产品的维护上，从而在局部实现了从产品模式向服务模式的转型。

3. 财务利润池

传统意义上的企业财务大多是账务处理、财务分析、成本核算等，同创造利润不沾边。但现在一些现金充裕或现金流巨大的公司会把暂时不用的资金用于投资，如投资债券、委托理财等，从而获取财务收入。在欧美市场，企业还会有更多的选择。

在这方面，零售业中的国美和苏宁、IT 业中的戴尔、制造业中的力帆等企业内部都有这种金融模式。特别是国美和苏宁，其长期侵占供应商货款的利润据说甚至超过了零售业本身的所得。

企业规模越大，越会在原有财务机构的基础上成立独立的财务公司，如电力、钢铁、腾讯、亚马逊等大型企业就是如此。通过对资金统一管理和提供金融服务，在资金管理和运用上创造不同于原来产业的利润。这些企业财务利润的比例甚至超过了主业利润。这样财务利润就上升为金融利润，企业也会成立自己的金融机构。

实际上，全球众多制造商，特别是大型设备制造商，会通过为客户提供金融服务获取金融利润。当客户在设备采购面临资金压力时，它们会向其提供贷款服务，制造商除了提升了销售量，还在产品利润之外获得了相应的利息收入。而且，随着竞争的加剧和产品价格的走低，金融服务创造的利润在制造商的利润池中占的比例越来越大、越来越丰厚。

2017 年，电影《海边的曼彻斯特》让亚马逊成为第一家获奥斯卡奖的科技巨头。

亚马逊以每年拍摄及购买 12 部影片的计划进军好莱坞。2016 年 1 月，亚马逊用 1000 万美元在圣丹斯电影节拍下了《海边的曼彻斯特》。2016 年 2 月，亚马逊刷新了自己的纪录，用 1500 万美元从索尼经典的手中抢下了伍迪·艾伦（Woody Allen）新电影《咖啡公社》的北美发行权，相比之下，伍迪·艾伦之前 8 部电影都是由索尼经典承包发行的，上一部电影《无理之人》的发行权只卖了 100 万美元，营销费用 400 万美元。

摩根大通评估，亚马逊在 2017 年用于内容方面的投入超过 45 亿美元。

市场研究机构 Royal Bank of Canada 的调查数据显示，亚马逊现在以 31% 的市场份额，成为美国第三大视频内容服务平台。

另外，也有一些企业在支付方式上依靠金融服务拓展市场，增加新的利润。达内科技是一家由加拿大留学归国人员创办的 IT 培训企业，虽然有着强大的师资力量和有竞争力的高端培训课程，但国内培训业鱼龙混杂，要想脱颖而出并不容易。对此，达内科技于2005年年底推出了“零首付、低押金、就业后分期付款”的TPET培训计划。由于受国内法律的限制，它选择了和金融机构合作，在“产品利润”外也开始收获“金融利润”。

对企业内有些部门、有些环节而言，资源的使用并非总是饱和的，有些有淡旺季之分。有的资源不一定非要独占，这就为利润池平移提供了空间。

例如：现在很多运输公司的利润相当微薄，于是有的运输公司为快递公司承接短途、时间比较紧张而轻便的物品。在这种情况下，公司的原有主业只能弥补成本，新的副业成了利润的主要来源。另外，有的企业自己的运输队业务并不饱和，它们也采取让运输队对外承担业务的方式获取额外的利润。

渠道方面更是如此。强大的渠道网络是企业举足轻重的资产。将渠道向其他厂商甚至竞争对手开放，是实现营销利润的一个有力手段，如若干年前，TCL向飞利浦开放彩电渠道，波导向西门子开放手机渠道等。虽然大多数渠道合作并没有直接收取现金，但渠道利润必然在其他利润中得到体现。

还有的企业的产品包装也与其他企业合作，以获取利润，如有些饮料企业将瓶身包装打上网络游戏的广告，依靠广告效应与网络游戏商分成。

分析：利润池战略源于想象空间

企业利润池理论经常被运用在低利润行业，用于识别新的利润来源思考公司在传统价值链上的位置和角色。

苹果公司史蒂夫·乔布斯本人的传奇经历和苹果公司的创新能力，俨然成为众多教科书中的经典范例。苹果的成功是否可复制到中国的众多企业？苹果的关键成功要素是什么？“中国制造”的标签遭到一些西方国家的拷问，我们是否可以在进一步维护和强化“中国制造”的同时，也创造出更多产地在中国的“苹果”？

有人认为苹果是“创而不造”，这很贴切。无论是 iPod 还是 iPhone 的生产组装，都是由全世界的代工厂完成的。

用户看到的苹果是功能与造型的完美体现，而其背后是苹果公司卓越的设计管理能力，强大的价值链把控能力和商业模式的重塑，使其掌握了价值链中的战略控制点，并拥有较大的利润池。这其中，苹果的企业文化、前期调研、需求把握、产品概念、功能与造型、产品销售环境、媒体宣传、不断创新的精神等都起到了相互强化的作用。

不过，简言之，无论是苹果早期的 iMac 还是后来的 iPod 直至现今的 iPhone，苹果都一直延续着其固有的风格，即“创造为先”，而非“制造为王”。苹果是制造创意并善于将创意重新配制到产业链中，并将其转化为商业奇迹的公司。

不少企业在矢志不渝地追求创新以期快速驱动公司的发展，如苹果、3M、微软、通用电气、索尼、IBM 等公司，而苹果是其中的领先者。苹果的创新不仅仅是流于表面的功能与造型的创新，更多的是对受众的需求有极为深刻的理解，甚至能够以新的价值组合和呈现方式激发与引领客户的需求，从而步入新的广阔的蓝海。

在商业模式上，苹果采取了与此类似的价值链分拆战略。价值链分拆战略通过业务战略性剥离，或通过掌握核心环节外包非关键环节等实现价值的最大化，苹果无疑对价值链分拆战略做出了极好的诠释。在这方面，IBM、耐克、宝马汽车等众多公司有相同的策略。

方法 1：挖掘新的利润点

在“互联网 +”时代，传统企业要因势利导，顺势而为，及时转型，选择新的商业模式，降本增效，优化资源配置，提高经营决策，提升企业的竞争优势。企业都期望降低成本以适应当今激烈竞争的微利时代，能否削减成本提升利润成为衡量企业是否具有竞争优势的重要标准之一。主业利润降低是否意味着主业之上不能平移出新的利润池了呢？

答案是否定的。

这是因为，一方面，它可以将原来整个主业上的利润聚焦于主业的某个部分。例如：某些翻译软件的销售，以前是购买整个软件，现在提供免费的基本字词翻译，但如果需要更精确的翻译，就必须由顾客付费。这就能靠免费吸引顾客，达到接触更多顾客的目的，进而为增值服务提供更多的潜在客户。

另一方面，它也可以将利润池平移到辅助业务上，产生新的利润池来源。渔家坊就是这样一个成功的案例。

2005 年的北京，由于烤鱼店过多，导致餐饮业竞争非常激烈，利润降低。“渔家坊”是跟风起家的，此时，“渔家坊”陷入了入不敷出的境地。

面对岌岌可危的烤鱼店，总经理王荣际愁眉不展。有一次，他受三星 MP3 体验中心的启发，突发奇想，萌生了美食加音乐的设想。

说干就干，他专门在渔家坊店中开辟一个区域建立数码体验中心，让顾客在 20 分钟等烤鱼的时间内以及吃烤鱼的过程中体验最新的数码产品，包括 MP3 和数码相机等。这不但迅速让“渔家坊”聚集了人气，还吸引了数码产品厂商把最新的产品送到渔家坊让顾客体验，为此还每月给渔家坊固定的广告费。

“渔家坊”通过这种出人意料的“互补业务”，为其创造了新的利润点。

“渔家坊”利用“广告费”，挖掘了企业新的利润点。在微利时代，企业要想继续维持或扩大利润空间，除了采取基本的成本控制措施之外，还要摒弃盲目施行低价策略的做法，以理性、平和的心态进行分析，并积极挖掘新的利润增长点，这才是一个行业创领者应有的姿态。

新郎西服“买新郎，终身免费干洗”的口号也是应用了这点。因为新郎干洗店优质的服务，买新郎西服的人在将自己的西服送往新郎干洗店时，也会把其他西服拿去一同干洗。干洗成了新郎西服另外的一大利润池。

另外，现在一些中心城市的儿童玩具专卖店，专门开辟一块空间供孩子玩耍，并提供小时托管服务，事实上这成了一个幼儿活动中心，恰恰成为新的利润来源。上面的例子告诉我们，企业经营者唯有不断地了解行业特点，才能准确了解行业利润池的分布特点，这样才能站在制高点上为企业做好战略规划。所以，企业经营者要从以下几点了解行业，如图 9-2 所示。

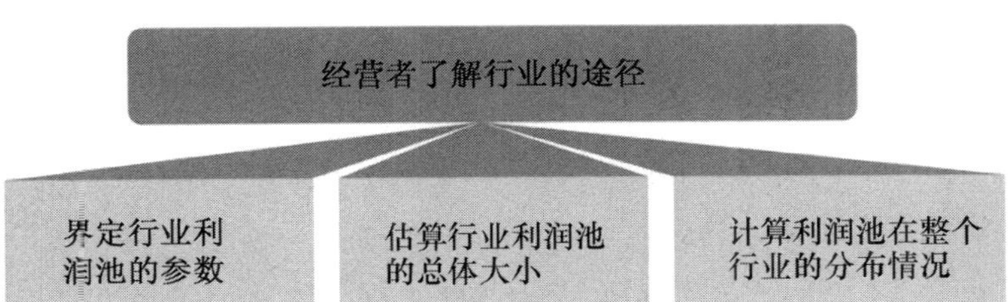

图 9-2　经营者了解行业的途径

1. 界定行业利润池的参数

行业利润池的参数能够在价值链的连接过程中产生偶然作用，这些偶然作用能够影响企业目前和未来的利润池的大小。因此，企业领导者在打造盈利模式时，必须考虑企业是否有足够的能力应对来自同类产品等行业外的竞争。这意味着，对行业利润池参数的计算，应该从价值链中的原料供应部分开始，一直到不同业务单位为用户终端服务而产生的所有成本为止，这些成本对整个行业利润池的总参数有最直接的影响。

2. 估算行业利润池的总体大小

了解行业利润池的总体大小是很重要的，可以通过几种不同的方法来衡量。例如：行业利润池的总体规模来自企业、产品、渠道和地域等，企业需要对这些因素进行考虑和计算，而如果有来自国际范围的竞争者，企业领导者还应该抓好分析报告、财务报表、证券分析报告和行业专家的分析。

3. 计算利润池在整个行业的分布情况

这个步骤能够让企业了解行业内竞争对手的利润情况，并将自己的利润结构与之结合进行分析。下面的原则是这个步骤中通用的。

第一步，要利用对自身企业的了解和相关产业知识，列出行业普遍活动中的利润，并结合相关信息，科学、严谨地对成本进行分配，同时，这些信息也可以作为衡量行业内竞争对手活动的参考标准。这些信息能够帮助企业很好地衡量竞争对手的利润，包括财务报表、分析报告、交易记录、贸易期刊、新闻、商业出版物、行业协会数据等。

第二步，为了衡量相同的利润创造活动，企业家可以对那些支持利润创造活动的财产，采取全部成本法或市场价值、替代成本法进行科学核算。

第三步，需要注意运用“二八定律”，即在行业中，排名靠前的 20% 企业能够占据行业利润池的 80%。应该重点对行业排名最靠前的那些大企业进行核算。

同时，企业还应该对行业内专一化的企业进行分析，包括通过调整自身对企业经济方面的认识估计多元化企业利润的不同。

为了提高计算的准确度，企业应该对不同层面、不同活动和不同企业的利润进行计算，在获得行业利润池的总体规模的情况下，确定总的行业利润，然后与企业的状况进行比较，向更明确的方向调整盈利模式。

方法 2：用户需求升级，开发新奇点

在利润微薄的市场环境中，企业之间的竞争性模仿也越来越积极。在这种趋势下，保持企业的利润增长是企业领导者的重要关注目标。正如美国著名商业学者斯莱沃斯提及的那样，在当今利润池越来越难以扩大的情况下，**对新的盈利点进行提高的方法，是掌握用户尚未被满足的隐性需求**。这样，企业就能从产品的创新转化为需求的创新，通过对用户的需求进行识别、满足，开发新奇点，挖掘新的利润池。

观察目前的企业运行状态，不少企业的商业模式虽然赢得了一些市场份额，但输掉了利润。更令人遗憾的是，一些企业失去的不仅是利润池，还输掉了市场。不少曾经强大的企业，因为用户需求升级，无法找到新的盈利点，使利润池越来越小。

面对这样的情况，企业应该通过模式上的变化，在产品形象、价值上做出差异，进而获得足够的机会开发用户需求并开创新的盈利点。这意味着，企业必须通过高效率的运作，为产品注入足够的创新特质，满足用户的新需

求，让利润池扩大。这样的变更，能够帮助企业摆脱单纯的价格竞争，抢占市场中的利润池。

利润点的本质也决定了企业必须满足用户的新需求。**利润点是指企业借以扩大利润的产品、服务或商业模式。利润点的多少，体现了企业的投入和产出状况**。因此，一个有效的利润点，代表对用户需求偏好进行清晰、明确的锁定，并为之持续创造价值，从而为企业带来源源不断的利润。

顺逛是海尔集团旗下官方社群交互平台。

为了满足用户的需求，海尔在顺逛上把线上店、线下店、微店“三店合一”，又与营销网、物流网、服务网、信息网“四网”并联打通，作为用户触点网络，实现“用户传感器”的作用，以便及时了解用户需求，为用户提供差异化的产品和服务。

海尔这样做一方面让“三店”之间做到互联互通，既方便用户直接在线上下单，又能够让用户到线下体验，或与微店主描述自己的需求。另外，通过营销网、物流网、服务网、信息网的“四网”建设，充分提升用户在对碎片化消费场景需求上的满足能力。

从整体上看，在人工智能和物联网时代，摆在企业面前的问题是如何更加精准地洞察用户的潜在需求和个性化需求，同时对这些需求的满足不是通过盲目增加产品类目和促销实现的。2017年“双11”，虽然天猫、京东两大电商平台均实现了千亿级的销量，但从模式上看，更多的企业还是在走传统“卖货”模式的老路。“双11”之后的退货率也折射出传统模式的弊端，企业无法根据用户个性化需求及时提供产品、服务等一站式解决方案，早晚是要被淘汰的。

搭建以人为核心的社群交互机制，重构人与商品和环境的关系，持续不断地升级用户全流程体验，才是未来商业发展的大势所趋。在“双11”，海尔顺逛的表现虽不能以量而论，但在质的方面实现了更高阶的突破，这种新商业形态为传统电商的下一步迭代提供了相当高的参考和借鉴价值。

虽然企业的流行观念会不断发生变化，但变化本身也会推动商业模式的升级。因此，任何新的模式都不会凭空出现，而是经过不断的进化才得以形成。这就意味着，虽然用户的需求一直存在，但只有那些通过“进化”考验的企业，才能得到生存的优势。因此，企业应该集中利用下面的方法进行变革，如图 9-3 所示。

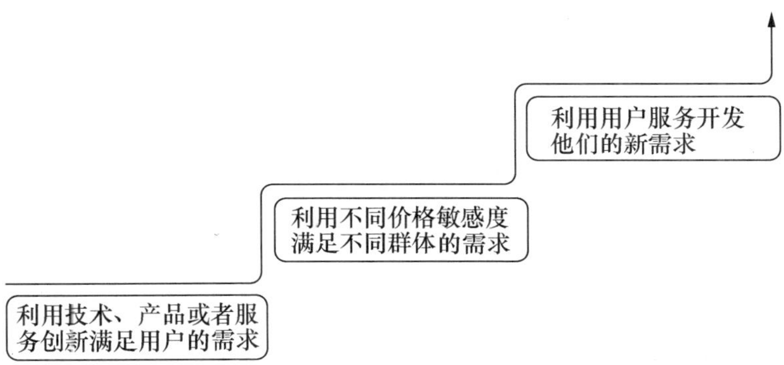

图 9-3　企业“进化”变革的方法

1. 利用技术、产品或者服务创新满足用户的需求

包括对产品进行功能方面的提升，从而和用户增长中的潜在需求进行匹配。例如：正是由于对产品功能的不断升级和完善，智能手机产品的生产才能成为利润池的构成来源；也正是凭借优秀出众的设计因素，苹果、三星这样的品牌才能获得更多、更稳定的利润。

2. 利用不同价格敏感度满足不同群体的需求

利用对不同价格敏感度用户群体的区分，设计相互区别的价格体系，从而满足不同群体的需求，赢得他们的支持。在这一步中，最关键的部分在于营销模式的创新、成本结构的管理，通过对成本进行压缩，更好地帮助企业进行有针对性的营销，从而创造更多利润。

3. 利用用户服务开发他们的新需求

企业领导者需要明确，用户在购买产品的时候，经常承载着一些风险，如产品的使用时间、售后质量等。如果能够正视用户想要抑制风险的想法，并开发其需求，就能为用户创造更大的价值，从而为企业带来更多的利润点。这种方法应该集中在对用户的售后服务中，如一些团购网站的随时退款等。风险服务做得越好，用户的需求就能越有效地被开发。

总之，知己知彼才能百战不殆，对利润池的扩大，需要建立在对更多利润点的“占领”上，而想要“占领”更多利润点，企业必须懂得如何满足用户的更多需求。

方法 3：万物互联，无限放大利润池

利润池的产生和发展会经过诞生、生长、发展、成熟和衰亡的阶段。因此，要想持续获得利润，必须扩大利润池，这需要企业另辟蹊径，找到取代原有利润池的途径。如果企业希望利润持续增长，那么，利润池扩大的节奏，必须快于利润池衰弱的节奏，通过连续开创新的业务，促使企业的利润来源得以增长。

那些能够持续增长利润的企业，基本上遵循了这样的扩张方式：**利用有规则和组织的方法，从一两项产品或业务开始，扩大外延，影响产生一系列的毗邻业务**。这样，利润池就能得到不断扩大。

这样的扩张方式能够让企业利用同一个商业模式，持续进入相关的市场领域。对企业而言，这是扩展自身核心业务的机会，同时也能增强企业的实力，

且企业能够通过这样的方式，对自身进行重新定位，进一步追求更具吸引力的新利润池。

对每家企业而言，要想获得利润的持续增长，就要确定对核心业务的投资方式，以便获得更大的扩张。这样的扩张投资，不仅数量和质量很重要，其速度也一样重要。

廉价航空公司指的是票价比一般航空公司便宜的新型航空公司。

1971 年，赫伯特 • 凯勒尔创立了西南航空公司，主攻支线市场。2010 年之前，廉价航空公司每年的增长速度在 30% 左右，并逐渐把传统的大型航空公司挤出曾给它们带来丰厚垄断利润的短途市场。

廉价航空运输成本的降低主要依靠两个手段：一是通过提高飞机利用率（高密度座位及飞行时间）降低单位成本；二是通过降低维护成本（单一机型及很低的人机比）控制整体运营费用。

西南航空公司的另一个成功因素源于其差异化的定位，它是世界上唯一一家只提供短航程、高频率、低价格、点对点直航的航空公司。正如西南航空公司的总裁凯勒尔所说：“我们在与汽车竞争，而不是飞机。我们正在降低我们的价格，这样就可以与福特、克莱斯勒、通用、丰田和日产竞争。客运量早就在那儿，那它在陆地上，我们把它从高速公路上拉出来，把它放在飞机上。”

西南航空公司从客户群定位出发，走大众路线，与传统的民航工业相比，其面向更加广阔的客户群，拥有更多的短航线线路，这无疑是其他航空公司不敢比的。成本的降低加上客户的大众化需求，无疑是西南航空公司制胜的法宝。当然，也让它实现了利润最大化。

由此可见，在扩大利润池的过程中，不断增长的业务邻近领域，是极富挑战性的扩大目标，而要想通过这样的挑战扩大利润池，企业必须把握机会、找准重点、踏准节奏从而获得利润池的完美扩大。

通过对那些持续扩大了利润池的企业进行研究，我们可以发现，其中最常见的 5 种模式，都是通过扩大业务的邻近领域获取更多的利润的。

找到用户和产品之间互动过程中的业务邻近领域，这意味着企业应该利用现有产品开发新的用户群体，或者利用现在的用户群体开发新产品。例如：北京英特华集团虽然一开始只是图书电商，但通过图书电商模式运营过程中积累下来的大量用户数据，成功地将自己的利润池扩大到培训、咨询等市场中。

提高用户单位消费额的相关业务。企业通过提高用户忠诚度，一方面对核心业务进行巩固，并对消费者的需求进行多方面的满足；另一方面，开发新的业务刺激用户的更多消费。

通过对核心能力的运用，建立相邻的业务。企业可以利用公司核心的业务建立并开发有联系的业务，获得更大利润。例如：摩托罗拉的发展，正是利用无线电核心技术推出电子产品的业务。

通过相近业务加强网络效益。企业可以通过扩大使用那些能够弥补现有技术的网络或平台，提高其利用率，从而促进业务的增长和利润的获取。

寻找红海中的蓝海。即通过现有的核心概念和技术，投入应有的资本，在“蓝海领域”开创新的业务。这种战略最好的效果往往体现在跨界模式的复制上。例如：美国的威廉姆斯公司就是利用其在天然气管道商业模式中的经验，管理运营光缆网络的。

无论上述何种模式，企业都应该围绕现有的核心产品和业务选择新的邻近业务并做出相关决定。这样的决定应该经过谨慎的评估，并引发新的增长。当一个强大并占据优势的核心业务拥有丰富的扩张区域之后，再加上企业的适当投资和果断决策，就能够让企业的利润池不断获得强有力的增长。

当然，这样的扩大并不完全等同于多元化经营。因为企业必须在丰富的扩张领域中挑选出围绕着企业竞争核心最紧密的那些内容，并集中现有商业模式中的资源和精力，确保其获得更高的增长水平。

实操案例解析：然健环球用创新商业模式抢占大健康产业高地

2004年6月，美国自然健康时尚股份有限公司（Natural Health Trends Corp.，Nasdaq: NHTC）通过旗下的“NHT Global”品牌，在中国广东投资成立了然健环球（中国）日用品有限公司（以下简称“然健环球”），从事美容护肤品、健康食品、时尚生活、惬意家居等系列产品的生产和销售，并始终坚持“立足中国、服务中国”的发展宗旨，在广东中山投资兴建生产基地，不断根据客户需求定制本土化产品，以取得长远发展。目前，然健环球在华拥有9家分支机构暨产品体验中心，分布在北京、上海、福州、广州、长沙、常州、大连、杭州及苏州。消费者除通过互联网在线订购产品以外，还可以通过体验中心获得良好的产品体验及个性化的售后服务。而这套创新的“线上购物、线下服务”商业模式不仅让其拥有越来越多的高黏度忠诚客户，还使其在中国实现业绩的稳健增长。

然健环球作为全球知名健康品牌，是如何抓住中国的巨大市场需求，独辟蹊径抢滩这片万亿级蓝海市场的？

NHT Global自进入中国以来，始终秉承其天然、健康的产品理念，不断对产品进行升级创新，完善和优化服务体系，加大对细分市场的探索，致力于以多元化产品和个性化服务满足不同用户的需求。目前，然健环球已相继推出多款针对中国市场的产品，同时将“高效、贴心、个性化”的服务理念贯彻到售后服务的每个细节，实现“线上购物”与“线下服务”的无缝对接，提升消费者的购物体验。

创新而立，载誉前行。然健环球凭借其创新的“线上购物、线下服务”商业模式、高效能健康产品、个性化服务为行业及消费者演绎着惊喜与革新。然健环球将继续积极围绕“互联网 +”时代大健康产业的发展趋势，在国家对健康产业发展政策的引导下，不断推出契合中国市场需求的产品及服务，加快全产业链布局，为大健康产业的蓬勃发展做出更大的贡献，为健康中国保驾护航。

本章思考

思考 1：影响你企业估值的因素有哪些？

思考 2：你的公司产业制高点有几点？

思考 3：企业价值实施路径有哪些？

思考 4：企业如何通过拓展利润池抢占产业高地？

第 10 章
布局未来，开启新征程

资源整合型商业模式（RBM）罗盘应用

2017 年，共享汽车运营商透露，作为全国推广的第一站，先在沈阳投放 1500 辆全系蓝色宝马轿车，车身上标有“扫码免费开车”的字样，并计划继续在全国范围内投放。押金只要 999 元，每公里 1.5 元，每天 200 元封顶。共享汽车的出现，未来最大的受害者可能不是出租车，而是 4S 店，因为共享汽车比买车还便宜，人们有可能选择不买车了。

2017 年，方便面的销量比 2015 年同期减少了 13 亿桶。原因是美团、饿了么等外卖平台出现。一度给人们带来方便的方便面，在外卖平台的冲击下，前景堪忧。

不管是共享汽车，还是外卖平台，都是企业与企业之间资源整合的产物。特别是在现在这个社会，跨界资源深度整合才是未来的趋势。一家企业若不创新、不懂得整合，可能就会死掉。所以，企业经营者或企业家要更换新思路才能破局而出。

经常有打算创业的学员向我请教：“老师，我想创业，您说现在做什么赚钱呢？”

我反问他们：“你们说创业最需要的是什么？”

“钱呀。”他们异口同声地回答，“这还用问？”

我笑着说：“错了！”

“那是什么啊？”他们接着问我。

我说："资源整合的能力。"

创业最需要的并不是钱，而是企业经营者必须具备 3 种能力，如图 10-1 所示。

图 10-1 企业经营者必备的 3 种能力

纵观那些成功的企业，我们会发现，这些企业会根据外围环境的变化、商机的捕捉、资源的整合设计商业模式，通过规范的流程向市场提供产品与服务赚取利润。商业模式设计了企业盈利的逻辑，流程的规划与梳理搭建了企业的承载能力。企业没有相应的承载能力，再好的商业模式都无法落地，同样也无法产生生产力，可以说，规范的流程是企业整合资源的基础，是连接企业与市场的桥梁，更是顾客价值体验的保障。所以设计经营流程需要以打造行业核心价值诉求为纲，以设计的商业模式为本。

企业经营流程始于顾客提出需求，终于顾客接受产品与服务的循环过程，中间来自企业内部各生产经营要素的整合与完善，表面上经营流程没有什么特别之处，但合理的流程设计不仅能够提升顾客体验，还有可能提升企业要素使用率及企业利润。

然而，企业内部的资源并非简单进行排列组合就能发挥作用，要将资源整合的要点纳入商业模式，并形成具体的特征，企业才能在市场竞争中如鱼得水，如图 10-2 所示。

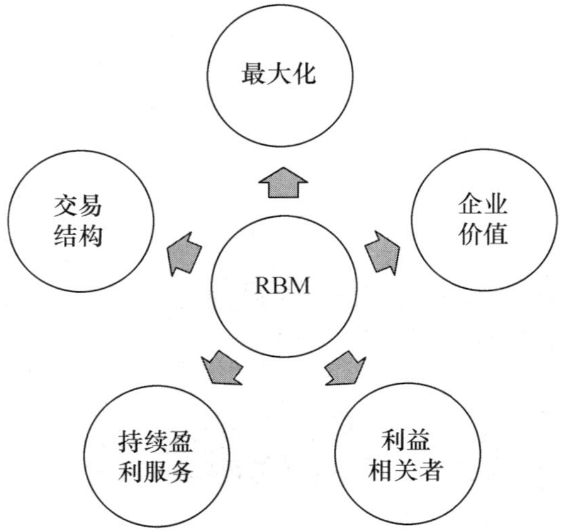

图 10-2　资源整合型商业模式（RBM）

对企业来说，资源整合是一个实现长远利益的战略决策，随着市场的变化与发展，企业各种资源一定要随之整合与优化，这需要企业经营者有较强的战略协调能力。企业必须设立动态战略综合指标，调控企业的资源能力，从而完善企业的战略。

一般来说，企业之间整合资源的方式有 3 种，如图 10-3 所示。

图 10-3　企业之间整合资源的 3 种方式

1. 纵向式整合

纵向式整合是指在同一条价值链上的两个或多个厂商联合在一起结成利益共同体，致力于整合产业价值链资源，一起创造更大的价值，实现双赢或多赢。

我辅导过的一家企业，之前是按照传统经营方式卖产品，把生产出来的产品批发给经销商，经销商再卖给顾客。在互联网时代，该企业和快递公司结成了战略联盟，成立了一个订购中心。顾客可以通过网络或电话提前订购产品。订购中心记下顾客要求的产品型号、数量、时间以及顾客要送达的地方，再通知企业生产该产品，通知快递公司按要求送货。该企业通过与快递公司的合作，既整合了快递公司的运输资源，又把两方合作变成了三方联盟。这样一来，新的战略联盟扩展了企业的订单量，又让快递公司增加了收入，同时解决了顾客的需求。

2. 横向式整合

横向式整合是指企业要把目光集中在价值链中的某个环节上，探讨利用哪些资源，怎样把这些资源加以组合，提高该环节的效用和价值。它与纵向式资源的不同之处在于，把不同的资源看作价值链上的不同环节，强调的是每家企业要找准自己的位置，做有比较优势的事情，协调各环节的不同工作，共同创造价值链的最大价值。横向整合式的资源一般不处于产业链内，而是处于产业链外。

2013 年 3 月 28 日，中粮集团有限公司和中国华粮物流集团公司正式召开重组大会，华粮集团作为中粮集团的全资子公司，整体并入中粮集团。

3. 平台式整合

企业纵向式整合和横向式整合，都是把企业作为整合资源的一部分，即如何联合别的资源达到最好的效果。与纵向式整合和横向式整合相比，平台式资源整合有所不同，它是把企业作为一个平台，在这个基础上整合供应方、需求方甚至第三方的资源，同时增加双方的收益或降低双方的交易成本，自身也因此获利，如阿里巴巴的案例。

阿里巴巴就是整合了供应商和需求方的信息，打造了一个信息平台。供应商和需求商可以通过它交换信息，互通有无，达到最佳的交易效果。阿里巴巴则通过收取服务费来盈利。

由此来看，在全球化竞争时代，一家企业是否能够根据它的核心竞争资源制定战略，是否能够建立持续性核心资源竞争力，是否能够不断提升企业的创新能力，所有这些问题的答案，就是企业是否能够建立一套独特的资源整合能力。企业的战略必须努力将其核心资源应用到所有有助于形成产品竞争优势的市场中，或者打入新市场改善企业资源的市场应用价值。

随着工业化和互联网的高速发展，产业价值链的每个环节分布着大量的企业，产销不平衡，就会出现产能过剩，这种产能过剩会催生资源整合的可能，这样整个价值链就会被拆分和重组，形成新的商业模式，资源整合是商业模式创新最重要的推动力。当前的竞争不是企业与企业的竞争，而是价值链与价值链的竞争，也就是商业模式创新的竞争。

曾经被外界认为是“地摊货”的宁夏枸杞，一度让顾客进退两难。所以，很多经营枸杞的企业处在艰难生存的状态，但百瑞源这家企业创造了一个奇迹：日销百万元，单店年销破亿元。

原来，百瑞源大力挖掘枸杞背后的文化元素，打造了百瑞源枸杞养生馆及博物馆，百瑞源枸杞养生馆以其“尊贵、优雅、品位”的品牌个性，融枸杞养生文化、枸杞系列产品与品牌文化于一体，让客户在体验和购买产品的同时品味优雅生活、感受养生文化。

百瑞源是怎么做到的呢？很简单，就是通过资源整合模式做的，即文化元素 + 旅游整合，创造前所未有的行业奇迹。

面对经济下行的压力，处于困境的很多企业，要像百瑞源一样，要想把危机转化为“机会”，必须从商业模式的创新入手，以自身资源为中心，发现客户价值，重新定义交易结构与价值，整合其他资源，通过资源整合，为“我”所有，以“有限”撬动“无限”，达到四两拨千斤的效果，从而实现企业利益相关者的价值最大化。

未来的企业模式是否成功，并不一定要看企业自身占有多少资源，更要看企业是否具备整合资源的能力。未来的资源整合模式发展趋势在于，企业首先要具备良好的公司治理结构，并由此产生正确的核心价值观，继而形成公司的行为准则。这样，公司就能围绕资源整合制定积极的战略并迅速执行。最终，企业将会在这样的资源整合过程中获得充分的收益。

分析：跨界与融合，布局五部曲

21 世纪以来，越来越多的企业异军突起，其中很多企业通过不同形式的跨界整合，或与其他企业达成同盟实现双赢。由此来看，跨界整合资源如今已成大势，未来的竞争会发生在各行各业。

自从有了手机，移动和联通“明争暗斗”了很多年，这两个公然开战的对手，怎么也没有想到，本来与通信不相关的微信横空出世，让移动和联通这两个“冤家”真正明白，它们的竞争对手和敌人不是彼此，而是看似不搭边的腾讯。

可以说，微信的出现，给这两家公司的发展带来了沉重的打击。

对企业来说，跨界的资源整合可能不是解决目前的困难，而是一种更长远的考量，将更多不同行业的资源聚集在一起产生更大的能量避免被跨界毁灭。

企业家或企业经营者若不敢主动跨界整合资源，就会有人跨过来“打劫”，让你的企业随时都有倒下去的可能。照此发展下去，在未来十几年里，将是一个跨界竞争的年代，竞争已经不再是线性而是全方位、全时空、多维度地展开了。在这个过程中，原来的商业规则将被推倒、重构，唯一不变的就是变化，而适应这种变化最好的方式就是跨界将资源整合。

现代经济增速放缓，各行各业都已经趋于饱和状态，对我们这一代企业家和创业者来说，如何把握机会？最需要的就是要有跨界思维，通过跨界思维重新配置各行各业的资源。

资源整合是社会发现的趋势，而趋势就像一匹马，如果在马后面追，你永远都追不上，你只有骑在马上面，才能和马跑得一样快！用跨界的思维，突破传统的惯性思维，超越传统的经营理念和商业模式，才会有弯道超车的机会。

跨界最难跨越的不是技能之界，而是观念之界。我们知道隔行如隔山，跨界整合资源不是抛弃自己原有的资源，在一个新的领域重新开始，而是利用自己的优势资源和另一个行业的资源互换。很多人标榜自己在整合资源，以为这样就可以将竞争对手击败，其实都是行业内的竞争。你的格局，决定了你的一切。所以，所有的事情都能通过这些方式解决。

一个人成功的高度，取决于思想的高度；一个企业伟大的程度，取决于企业家思想格局的宽度和广度。

一般来说，企业家布局企业的未来，需要五大思维，如图 10-4 所示。

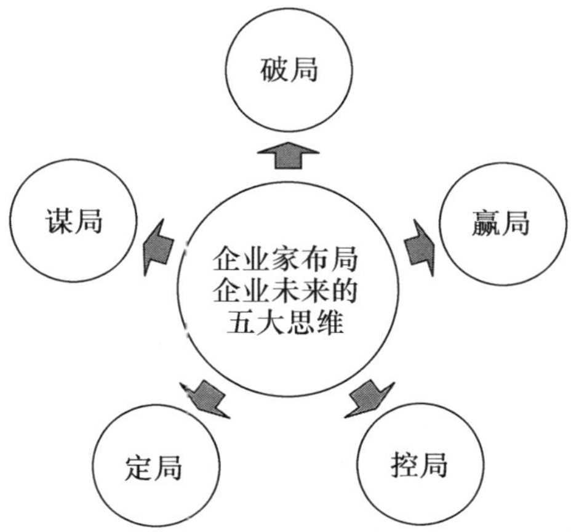

图 10-4　企业家布局企业未来的五大思维

1. 破局

破局是指破观念、破规则。

2. 谋局

谋局是指资源盘点。

3. 定局

定局是指交易结构设计。

4. 控局

控局是指风险控制。

5. 赢局

赢局是指所有利益相关者的共赢。

方法 1：构建企业生态圈

在企业经营活动中，只依靠产品和团队是远远不够的，要学会借力，用系统的力量赚钱，这个系统就是生态圈。

那么，什么是生态圈呢？

顾名思义，生态圈是指企业经营的圈子。因为共同的利益，生态圈内的参与者会相互扶持、相互促进。由于企业的最终价值还是要回归消费市场，所以大家会利用平台价值撬动彼此的能力，一起做大，突破合作模式的边界。

可以说，企业对生态圈的运用，有点像抱团取暖，在这样的系统平台内，企业能得到相应的资源和学习机会，在互助的基础上，实现集体的跨越式发展。为此，长江商学院教授廖建文和孙维佳在给世界经理人网站投稿的文章《竞争 2.0——商业生态圈》中指出，在竞争 2.0 时代，各利益相关者共同建立一个价值平台，通过平台撬动其他企业的能力，使这个系统能够创造价值，并从中分享利益。这个系统就是“商业生态圈”。

商业生态圈与建立在价值链模型上的商业模式不同，基于生态圈的商业模式有 3 个特征，如图 10-5 所示。

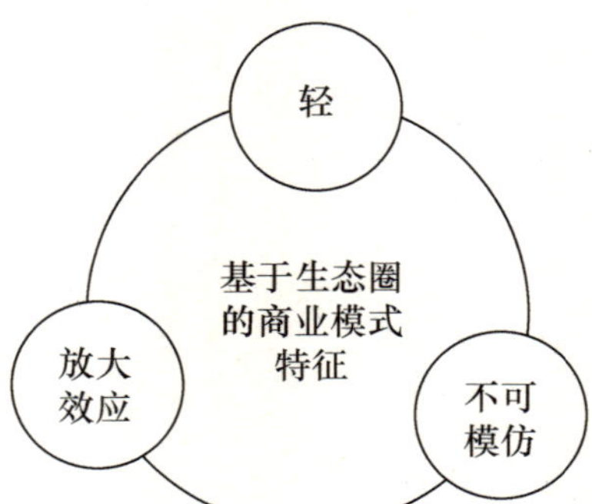

图 10-5　基于生态圈的商业模式特征

在价值链模式中，价值是按链条中的不同环节进行分配的，任何一个环节的得利都意味着其他环节的损失，这使价值链的主导企业有动力进行整合，会把更多的业务纳入自己的掌握中。在这个模式中，任何能力都源于企业内部，需要不断加大投入，导致企业资产越来越重。

而在生态圈模式中，价值是被不断创造出来的，所以，主导企业如果不能把内部资源和能力更好地加以整合，不如考虑把平台做大，这样能吸引很多志同道合的伙伴加入生态圈。同时，生态圈的价值创造是多元化的，每个加入的伙伴会依赖其能力为系统贡献不同的价值，能力上的错位也使整合的可行性大大下降。这两个因素会让生态圈成员的战略着眼点从整合——价值分割，转向共享——价值创造。这样不但能突破企业整合的限制，还会让企业不用再投入重资产，更重要的是，能够让企业培养自己的能力，关注如何与系统内其他成员相互配合，利用不同成员各自的能力创造最大的价值。

任何企业都可以从现有的商业生态中构建自身的开放创新生态圈，或找准定位融入其他开放生态圈，用生态圈的合力创新发展。

随着智能手机的普及，黑客马拉松逐渐成为插件开发的主要形式：一群高手云集一堂，几十个小时里开发出一款插件，做完当场交作品，择优而取。参与黑客马拉松的，除了热衷钻研技术的软件工程师，还有来自风投公司的团队。黑客马拉松这种创新方式逐渐被国内很多公司引用。

早在 2012 年，百度就开始每个季度举办一次黑客马拉松，自由组队的程序员聚在一个大会议室里，利用周末的时间做编程。只要挖掘有价值的产品，百度就会把它放到线上测试、做大。

2015 年，搜狗举办了首届黑客马拉松比赛，在发现创新的同时也有效激发了内部创新的活力。2018 年 1 月 29 日，搜狗公司对外公布了 2017 年全年及第四季度财报，这是搜狗赴美上市后提交的首份财报。财报显示，搜狗 2017 年全年总营收 9.084 亿美元，同比增长 38%。

企业开放创新生态圈可为企业创造全新的价值、带来颠覆式力量，其力量源泉来自互补、跨界、相互激发、创新、多样化的合作与共进。单一企业的力量已不足以应对外部环境的变化，未来企业必然以生态圈为基本形态生存和发展。所有的企业家都要思考自己和企业的开放创新生态圈，把握时代脉搏，实现高速成长。

移动互联网、物联网、云计算、大数据等技术的发展使我们已经进入万物互联、移动互联的社交化时代。新技术和大趋势孕育了商业模式创新和企业价值提升的无限可能，社交化时代的到来向企业提出与外部资源开展全面开放和链接的机会和要求，而这种开放链接需要的载体就是创新生态圈。

企业开放创新生态圈的构建和策略，如图 10-6 所示。

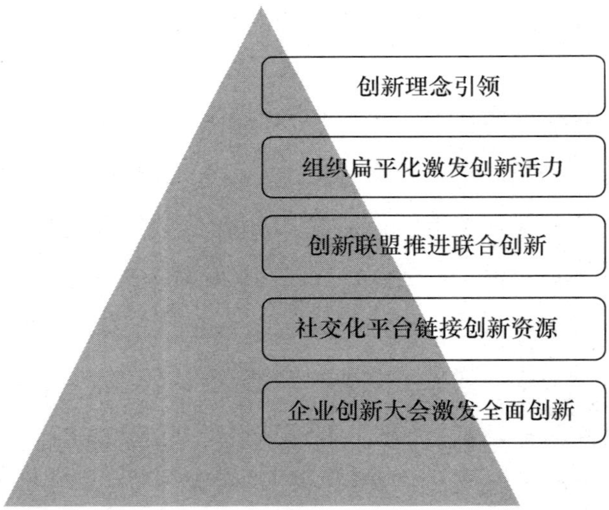

图 10-6 企业开放创新生态圈的构建和策略

1. 创新理念引领

一个想法可以创造一家伟大的公司，源源不断的创新理念推动不同企业自发联系，共同创新，形成伙伴关系，逐步进化成更多维度、更多组织、不同层次的共生关系，从而形成创新生态圈，并不断发展、延伸。如阿里巴巴的出现源自马云决定让互联网与工厂合作改变生产进程；美国的天然食品和有机食品零售商全食公司的诞生源于其创业者麦基为主流消费者提供天然食品的雄心。

2. 组织扁平化激发创新活力

扁平化结构的特征在于管理层次少而管理幅度大，优势在于信息纵向流动快，管理成本低，避免创新随着组织层级的上升而被忽略或漠视，激发创新活力。组织扁平化对管理者也提出了较高的要求。在扁平化组织中，管理者既要具备出众的业务能力、规划能力，又要扮演好教练和倾听者的角色。谷歌在 2010 年的一份名为《管理为何重要，最出色的管理者如何做》的内部报告中，举出了 8 项关键管理行为：一是一名好教练；二是授权给团队、放弃微管理；三是关注并关心团队成员的成功及个人福祉；四是工作富有成效且以结果为导向；五是善于倾听、分享，是一名优秀的沟通者；六是帮助员工进行职业规划；七是对团队愿景及战略有清晰的规划；八是具备关键技术技能，能够给予建议。

3. 创新联盟推进联合创新

创新联盟是企业构建创新生态圈的有效策略，联盟的组成方式多样，既有龙头企业强强联合，也有中小企业抱团取暖；既有产业集群促成结盟，也有国内外企业的资源链接。

4. 社交化平台链接创新资源

企业在开放创新生态圈的扩展与进化过程中，亟须有效挖掘、吸引、融合及利用内外部创新资源，而社交化平台成为企业链接创新资源的纽带。2013 年，两位艺术教师巴勃罗·加西亚和戈兰·莱文通过互联网链接全球资源，使在 20 世纪消失的“新投影描绘器”重现江湖。投影描绘器是 19 世纪初的技术创新，可以让用户所见的同时叠印在白纸上，并描绘出极其逼真、精确的图像。随着胶片的发明，投影描绘器从历史上消失。新投影描绘器设计、制造、生产资金的来源以及销售，完全以社交化平台链接全球创新资源。其中，夹钳、棱镜以及鹅颈式底座都是从中国采购的，通过阿里巴巴找到合适的制造商，安装和运输外包给全球多处的低报价者。新投影描绘器的开发和生产筹集资金则来自两人在众筹平台上发起的筹资活动，筹集金额超过了 40 万美元。在还没有生产出任何部件之前，第一批产品就已预售一空。

5. 企业创新大会激发全面创新

企业创新大会是大规模的头脑风暴会，可以邀请企业多元生态伙伴畅所欲言，激发各个领域的全面创新。典型和较有成效的莫过于 IBM 的创意脑力激荡大会。IBM 自 2001 年起提出的创新激荡活动，每隔 3 年举办一次，每次花 3 天时间邀集员工、家属、高校教师及业务伙伴参与讨论，开展在线头脑风暴，解决共同关心的问题，或写下关于创新的想法。在 2008 年的创意脑力激荡大会上，9 万名注册人员在 4 天内提出了 3 万多个点子，IBM 以这些想法为基础，改进产品和经营方法。同时，IBM 沃森和云计算业务高级副总裁大卫 · 肯尼表示，公司正在适配云计算和 AI 技术来提升其业务运转的速度和智能化。

目前，IBM 被称作“战略性业务”的新业务占 IBM 收入的 45%。虽然进步不快，但 IBM 已经稳步建立了这些业务——并取得了不俗的成果。

2017 年，IBM 称使用其云技术的软件开发商数量翻了一番。从 2018 年到现在，IBM 的股价已上涨近 10%。

分析师称，IBM 在云服务市场远远落后于亚马逊 AWS 和微软。然而，在过去的 3 年中，IBM 已经在 19 个国家的 60 多个云数据中心投入了大量的资金。报告显示，IBM 在云市场排名第三，排在 Google 之前。

IBM 的战略是为每个客户提供量身打造的企业云计算、AI 技术和行业专业知识。

方法 2：放长线，钓大鱼

我国有句谚语叫“放长线钓大鱼”，精辟地概括了钓大鱼的经验，而其含义和哲理广泛地被政治家、军事家用来制定策略和谋略，现在又被企业家用来发展经济和经营。

对企业家和创业者来说，一家企业的商业模式是帮企业做产业链。即企业的每个环节都能创造价值。这个我在前面的内容中已经讲过了。现在再简单地讲一讲，如设计环节增加资源，施工环节增加资源。有了资源，就会产生竞争优势。

2017 年，很多人做“共享”项目时，你做小黄车，我做小蓝车、小红车。最后大家都变成了性质差不多的企业，同质化严重。这个时候，决定胜出的是品牌、技术、渠道，也就是说，谁做品牌谁胜出，谁做技术谁胜出，谁做渠道谁胜出。所以，在价值链里某个环节重点增加资源，你就拥有优势，特别是对稀缺资源的开发和整合，以此打通产业链。

理解这个时代在发生什么变化，你才能把握这个时代的脉络。

企业家要具备这个能力，放长线钓大鱼，预测趋势，提前抓住稀缺资源。

很多人以为开网店很容易，省去了门面租金这一大项开支。一般情况下，在线下开个门店，物业加租金的费用能达到成本的 20% ~ 30%，在网上开店却不需要这方面的开销。但你真以为阿里巴巴做淘宝、天猫是免费给商家用的吗？

答案当然是否定的。主要有两个方面的原因：一方面是阿里巴巴把旗下的电商平台给大家免费用；另一方面，它控制了商家的庞大交易数据。这几年，阿里巴巴进军云计算和做云计算的基础，都是旗下的电商平台带来的。这些海量的数据积累，最后打造了阿里巴巴的竞争优势，为阿里巴巴带来了巨额的流量广告费和用户转化率。

阿里巴巴运用的商业模式，就是资源整合模式，也是典型的放长线钓大鱼，用免费的服务换取更多的利润。

一家优秀企业的诞生，离不开企业经营者的智慧，以及对企业的布局。这些经营者站得高、看得远，他们不只善于整合企业内部的资源，更善于利用并整合周围的资源，为企业开启新的征程。

同样运用放长线钓大鱼的方法经营的还有一些名胜古迹。

杭州在取消了西湖的门票后，游客数量骤增。杭州虽然取消了西湖门票，但给杭州的旅游业带来了巨大的人流量，游客既然来了就会消费，住宿酒店、购物，或者参观了免费的西湖外，还要顺便到其他景区游览。

如此一来，一个免费的西湖会带动整个杭州旅游业的发展，同时拉动了当地老百姓的就业，真是一举多得的高招。

在这里，免费不是“真正”的免费，而是这一方面免费而另一方面收费，最后肯定是赚钱的。平时，我们使用百度搜索引擎都是免费的，但有时候搜出来的前几条基本都是竞价广告。对百度来说，使用搜索引擎的网友就是为广告商带来的流量产品。

天下没有免费的午餐，天上永远都不会掉馅饼。商业模式也是同样的道理，所有的免费商品都隐藏着高价，只不过让自以为占了便宜的人，用其他的形式支付了。这才是商业模式的精华所在，让笑着买单的顾客把钱花在了暗处。

在竞争日益激烈的商场上，企业家只有具备这个能力，放长线钓大鱼，预测变化趋势，提前抓住稀缺资源，才能发展得更好。

方法 3：创造“新物种”，进化新企业

150 年前，生物学进化论问世，“物竞天择，适者生存”被视为物种演变进化的路径和准则。在快速更迭的互联网时代，“不进化，就淘汰”的法则在经济市场上仍然适用。面对消费升级，企业品牌只有重新自我革命，破而后立，用新的生态和平台催生适应这个时代的新物种，才能立于市场生物链的顶端。

2017 年 8 月 27 日，为了探寻跨境电商的发展及未来，日淘垂直跨境电商平台“豌豆公主”在北京举办了一场以“跨境电商新物种·进化论”为主题的开放日沙龙活动。数位营销专家与众多行业媒体人齐聚一堂，一起深入了解“豌豆公主”的品牌理念和商业模式，亲身体验、感受其带来的日式“精致生活”的魅力，共同揭晓跨境电商“新物种”的神秘面纱。

“豌豆公主”于 2015 年 8 月上线，2016 年就完成了三轮融资，总金额 4600 万美元，投资方包括 World Innovation Lab、伊藤忠商事、真格基金、IDG 等，其专注于提供日本品牌进入中国的综合性服务：一方面帮助日本品牌方在进驻中国时完成信息跨境、物流跨境、支付跨境等；另一方面通过跨境的方式将日本的优质商品一站式地传达到中国消费者手中。经过两年累积，“豌豆公主”目前拥有入驻品牌 2000 个，商品 SKU 27500 个。

“豌豆公主”的目标 C 端消费群 95% 为女性用户，年龄集中在 25 ～ 35 岁。在巨头垄断的大背景下，创业公司如果单纯做 C 端，流量成本居高不下，创业公司也并不想陷入爆品的价格战，所以，“豌豆公主”做出了一系列的改变，模式上从纯 C 端转为 C+B 端，并且在数据、内容、营销、品牌方面承载更多“连接”。针对如何让日本产品在进入中国市场前先行预热，以及如何取得消费者对线上陌生产品的好感和信任等问题，豌豆公主摸索了一套独特的方法论，如图 10-7 所示。

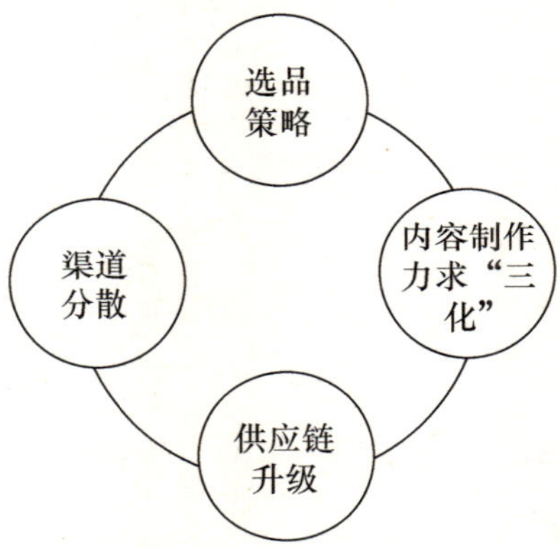

图 10-7　豌豆公主的商业模式

1. 选品策略

选品策略分为 3 个方向：一是通过日本潮流媒体、KOL 以及各类销量榜单数据，采集日本生活潮流文化；二是采集中国市场的需求数据；三是累积用户口碑，寻找各个领域的达人，搜集需求，选择符合用户的产品。

2. 内容制作力求“三化”

内容制作从基础信息到深度内容，更加立体化、深度化、广泛化。

3. 供应链升级

依靠日本投资方的背景，加速搭建资源和品牌，拓展品类，如东京大型直邮仓储中心，监控式物流体系。

4. 渠道分散

通过自媒体、KOL、直播等各种形式和平台聚合流量。当品牌推广时，根据品牌的调性与目标人群匹配最适合的平台和资源，策划和制作内容，实现精准触达。

豌豆公主作为深耕日本市场和日本优品的跨境电商平台，正迎合了如今互联网的发展，重新定义并倾力打造跨境电商的新范式。这样一个顺应时代而生的“新物种”，正以独特的生存方式，在竞争激烈的环境中不断进化，将来还会以什么样的新面貌展现于世人眼前，我们拭目以待。

未来 10 年，企业只有进化才有新生的可能。竞争激烈的企业决策者、九死一生的创业者要成为“新物种”。

特斯拉汽车、汉森机器人公司、Uber、优客工场、米家……这些典型“新物种”的共同特征是新技术、新材料、新连接与新话语体系。例如：区块链技术是新的底层应用体系,“网络红人”则是人与科技连接的“新物种”形态。“新物种”意味着新的商业模式，也意味着创造有巨大潜力的新品类和极致单品，有机会迅速成为细分领域中的“领头羊”。

方法 4：建立标杆，面向世界

21 世纪是个商业模式竞争的时代，在商业世界，公司的大小已经没有定数，在一个大变革的社会中，企业的更新换代实际上是商业模式的推陈出新。

未来的商业竞争，其实就是商业模式之争，一旦企业建起商业模式上的优势，与竞争对手的角力就占了上风，其结果不言自明。

纵观世界品牌企业的产生，不难看出其都具有自己独特的商业模式。

世界级的企业不仅仅卖产品，还卖商业模式，同时更高级的企业会通过它们的商业模式改变人们的生活，甚至改变全世界的发展与格局。例如：微软卖的不是 Windows，而是方便、有效地解决问题；麦当劳卖的不是汉堡、炸鸡和薯条，而是快捷和环境；星巴克卖的不是咖啡，而是休闲；亚马逊卖的不是书，而是送货上门、方便；腾讯卖的不是 QQ，而是沟通即使远隔千里，也如同近在眼前；阿里巴巴改变了人们的生意方式，告诉人们任何生意都可以做到全球……这些企业改变了世界，推动了社会的发展！

以上企业赢就赢在商业模式上。所以，一家企业一旦创造了独具价值的、全新的商业模式，必将引起前所未有的商业变革，从而引起资产重组的新格局，最终会导致又一场商业革命的产生。

2017 年卡萨帝在全球的经营业绩非常耀眼：在高于行业平均单价 3 倍的情况下，卡萨帝仍持续增长，实现高端冰箱市场占比 31.1%，高端滚筒洗衣机市场占比 69.2%。

在中国，卡萨帝多年占据高端家电市场第一的位置，呈现全方位和“垄断性”的优势。在万元以上的洗衣机市场，卡萨帝的市场份额达 65%；在 1.6 万元以上的空调市场，卡萨帝的占比高达 80.8%。

植根于中国的卡萨帝的崛起，对全球高端家电既有格局无疑是一场巨震。以高端家电品牌云集的欧洲为例，相对执念于传承和工艺的大牌，卡萨帝时尚的外观设计和持续的技术创新更吸引年轻用户，其与用户零距离交互的方式不仅令人耳目一新，也让用户对产品更亲近。越来越多的欧洲人开始选择卡萨帝的同时，还有一部分消费者相信，如果将全球顶级家电品牌 Miele 和卡萨帝产品的商标遮住，会有很大一部分人选择后者。这种场景在 10 年前难以想象，根据中怡康的统计，在家电产品的很多价位段，卡萨帝已然超越德系、韩系高端品牌。

类似的情况也出现在中国高端消费最有代表性的上海，卡萨帝的强势表现改变了消费者对高端家电品牌的选择。数据显示，在上海万元以上家电市场，卡萨帝高出第二名的德系品牌 10 个百分点；在 5000 元以上滚筒洗衣机市场，卡萨帝力压德系品牌近 4 个百分点。

卡萨帝的成功改变了全球高端家电的竞争格局，也为全球家电行业开创了新的竞争方式，即前端连接高端用户需求，后端连接原创科技与匠心精神，这就是卡萨帝于近期发布的高端家电全流程体系。

由此可见，卡萨帝能够在商场上独领风骚，不仅需要与时俱进的创新与用心经营，还离不开胆识和魄力。正是这两者结合，打造了卡萨帝独具特色的商业模式：高端家电全流程体系的商业模式与传统高端家电品牌最大的不同在于，它整合了一系列竞争要素，把技术持续创新、产品快速迭代与对用户痛点的洞察紧密连接，形成基于整个经营链条的综合竞争力，并从两个方面加以改进和创新，如图 10-8 所示。

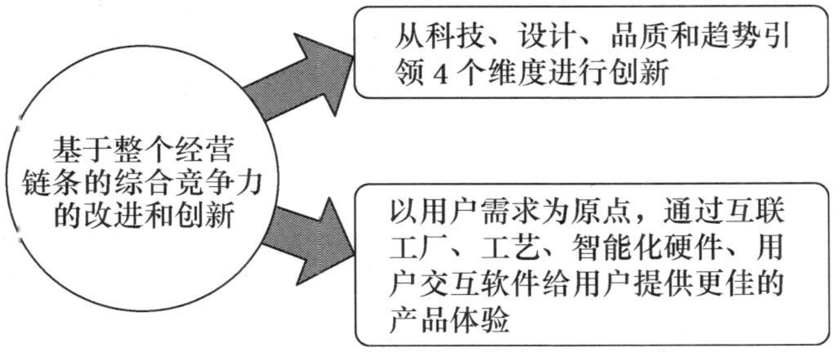

图 10-8　基于整个经营链条的综合竞争力的改进和创新

对卡萨帝来说，这显然是一次质变的颠覆式创新，使其把中国高端制造和欧美高端制造的竞争第一次从单一产品舞台引入产业链较量的竞技场，借助全球用户交互和全球资源整合的独有优势，在商业模式上制造了“代差”，建立起通过技术创新或产品改良难以复制的“护城河”，获得了在商业角逐中形成高维打击低维的机会，也在与国际高端品牌的正面竞争中牢牢掌握了主动权。

经过分析，我们会发现，卡萨帝高端家电全流程体系对应的是一个全球化高端制造体系，如图 10-9 所示。

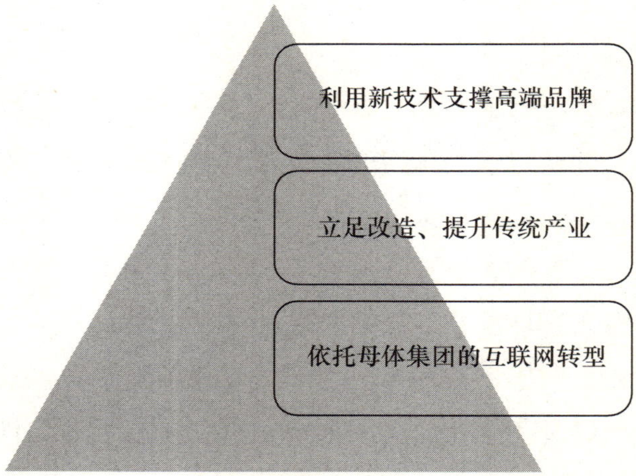

图 10-9 卡萨帝高端家电全流程体系

1. 利用新技术支撑高端品牌

通过创新技术也就是“从 0 到 1”的原创技术驱动，抢占未来发展的制高点。

2. 立足改造、提升传统产业

通过跨界融合、智能制造，将传统家电制造业打造成高精度和高效率的现代制造业，依靠产品迭代升级带动品牌高端化。

3. 依托母体集团的互联网转型

从“互联网 +”衍生出众多新产品、新技术，开拓更多新的高端细分市场。

可以说，卡萨帝用一种全新的模式完成了对全球高端家电业的引领，或许这就是卡萨帝能够用 10 年超越欧美高端品牌几十年甚至上百年发展历程的“捷径”。卡萨帝能够提炼出这样一个领先其他国际高端品牌的模式，得益于其背后的 3 个强大支撑力，如图 10-10 所示。

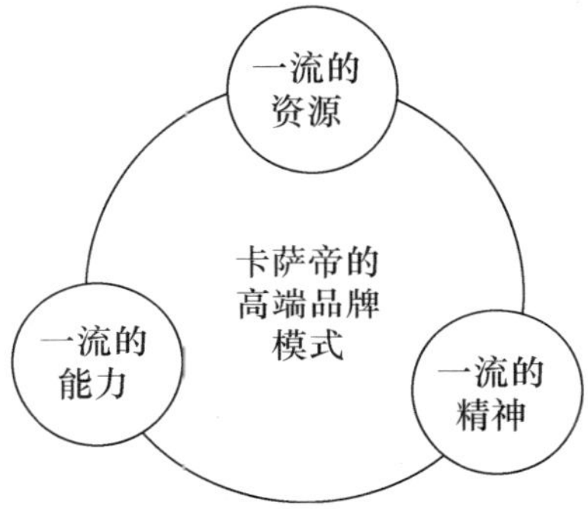

图 10-10　卡萨帝的高端品牌模式

1. 一流的资源

全球资源的整合能力被视为卡萨帝重要且独特的筹码。卡萨帝身后是全球最大的家电品牌集群，借助内外部的协同，更利于在全球纵深展开战略布局。如今卡萨帝不仅整合了斐雪派克、恩布拉科等顶尖科技资源，而且拥有在业界享有盛名的宝马、法拉利等顶级设计团队。

例如：引起行业争相模仿的双筒双子云裳洗衣机，其负责平衡操控的控制模块是卡萨帝与玛莎拉蒂共同打造的。之前仅用于顶级跑车和机场物流管理，实现极致降噪的直驱电机则来自新西兰国宝级家电品牌斐雪派克。再如 F+ 自由嵌入式冰箱，聚集了巴西、日本、中国、德国等供应商的核心资源，首次尝试将气悬浮无油动力科技应用到家电行业并取得成功。它们都是卡萨帝将自身优势与全球研发智慧相结合的例子。

2. 一流的精神

卡萨帝现有的制造体系分 7 个层级，位于顶端的是匠师、匠人和工匠，其中还包括由斐雪派克和欧洲匠人组成的外籍匠人团队。无论哪个层级，卡萨帝都致力于在每个环节培养专注、执着、精益求精的“工匠精神”，将苛刻的标准和追求完美的精神融入工业自动化生产中。

例如：卡萨帝对于“工匠精神”的打造架构在“工业 4.0”时代的智能制造体系之上，通过互联工厂将高精度、高效率的制造方式与用户需求直接相连，实现了用户既是消费者，又是生产者和设计者的“产消一体”。这种独具特色的“工匠精神”有力推动了卡萨帝的产业升级和全球化引领。

3. 一流的能力

从技术引领到占据市场话语权，从产品迭代到行业标准的全面领先，卡萨帝从本土走向世界高端家电之巅的竞争力内核是潜藏于高端家电全流程体系内的科技创造力。

纵观卡萨帝的发展脉络，不断刷新和“摸高”的原创科技形成了与其他品牌的区隔，也构成了模式代差的基石。在这个长长的名单上，可以看到被行业集体“模仿”的法式对开门、意式抽屉式、F+ 格局的冰箱，具有物联网识别技术的洗衣机，以及世界首台实现智慧冷暖感知的空调等。其中，作为全球首台能“读懂”衣物的物联网洗衣机，卡萨帝“纤见”实现了物联识别与纤维洗护两大科技的跨界融合。在卡萨帝内部，“原创科技”这个词是动态的，不止于快速迭代，更在于为行业和产品变革不断带来新思路，注入新动力。

实操案例解析：美团资源整合创造利润多元化模式

美团 5 周年报告的数据显示，自从 2010 年 3 月 4 日上线以来，美团用户数达到两亿多。这些用户在美团上的消费：吃了 7 亿顿饭、预订了 7000 多万间酒店、观看了 3 亿场电影、收到 1.4 亿份外卖，累计花费超过 800 亿元。更令人惊讶的是，美团为用户节省的金额达到了 1100 多亿元。

美团在为顾客省钱的同时，也让商家获得了巨大的收益，可谓一举多得。报告指出，每天超过 2000 万人使用美团。在短短 5 年间，美团为 90 多万商户带来了 14 亿次交易，平均每个商户待客 1555 次。

美团的使命是连接人与商户：一方面为顾客发现最值得信赖的商家，让顾客享受超低折扣的优质服务；另一方面，为商家找到合适的顾客，给商家提供最大收益的互联网推广。

在这 5 年中，美团不仅持续领跑团购市场，还在电影、酒店、外卖等垂直领域确立了领头羊的地位，成为全国最大的综合性生活服务平台。到目前为止，美团已覆盖全国 1015 个城市，占据团购市场 60% 以上的市场份额。

美团猫眼是国内较大的电影 O2O 平台之一，2014 年交易额达到 50 亿元，全国每卖 3 张电影票，就有 1 张出自猫眼电影。而在酒店领域，美团已是国内最大的移动端酒店预订平台和第二大酒店分销平台，2014 年交易额达到 55 亿元，一夜间达到 4500 万元。美团外卖更是全国最大的外卖平台之一，日订单量超过 150 万，在高校中的市场份额达 70%。

在政府大力支持和市场巨大需求的双重推动下，美团这样的 O2O 平台面临的是更广阔的发展空间。2014 年，美团全年交易额突破了 460 亿元，在 2015 年新年伊始拿到 7 亿美元的融资之后，美团在 2015 年的交易额将超过 1000 亿元，截至 2018 年 4 月底，美团实现营业收入 158.24 亿元，这个数字，接近 2017 年全年营业收入 339 亿元的一半。可以说，这个数字比 2017 年前 4 个月的营业收入 81.19 亿元翻了近一番。美团计划在 2020 年实现万亿元交易额的目标。

在谈到美团的成功运作时，美团前 COO 干嘉伟认为，美团创始人王兴的每分钱都会花在刀刃上，而美团能率先上岸也是赢在综合运营效率上。

很多人认为，电商没有什么技术含量，没有什么门槛。然而，美团能从“千团大战”中脱颖而出，成为国内最大的本地生活服务平台，显然不是靠运气。

美团之所以能够让顾客和商家双方实现共赢，原因在于其“三高三低”的经营理念，即在生活服务电商这样一个“高科技、低毛利”的行业里，美团用“高效率、低成本”的运营方式为顾客提供“高品质、低价格”的产品与服务，如图 10-11 所示。

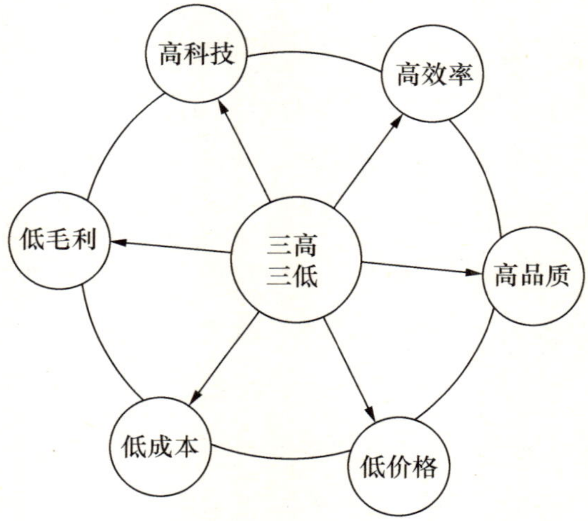

图 10-11　美团的三高三低

随着消费市场竞争的加剧和升级，行业与行业的相互渗透和融合越来越多，跨界合作成了一种市场发展的必然产物。近几年，随着电商的发展，一些纺织服装企业开始把目光再次转向实体店铺，并向一种代表生活态度和审美方式的跨界融合方向发展。

本章思考

思考 1：请盘点你的关键资源有哪些。

思考 2：对应商业模式罗盘，请给你的企业画像。

思考 3：根据商业模式 5 步布局，制订你的落地行动计划。

思考 4：企业如何通过资源整合，实现跨越式发展？

附　录

商业模式检视表

编号：____________

为了更好地让周祺林老师了解你的企业，让你带着问题来，带走解决方案，请认真填写以下内容。

一、企业连续三年增长速度

□ A. 平均低于 50%　□B. 高于 50%　□ C. 时高时低不稳定

二、企业主要收入来源

□ A. 差价　□B. 管理费 / 技术转让费　□ C. 其他

三、企业近三年团队流失率

□ A. 高于 20%　□B.10% 左右　□C. 很稳定

四、企业产品线

□ A. 可以复制　□B. 产品多，渠道不能共享　□C. 产品单一，不能复制

五、企业经营区域

□ A. 限于当地市场　□B. 二、三线城市的区域市场 □ C. 全国及海外

六、企业资金

☐ A. 亟须融资　　☐ B. 能自我满足周转　　☐ C. 不需融资

七、企业定位

☐ A. 能满足所有客户　　☐ B. 满足 2 ～ 3 类客户　　☐ C. 只满足某类客户

八、企业收入结构

☐ A. 单一　　☐ B. 2 ～ 3 项收入　　☐ C. 5 项以上收入

九、行业竞争程度

☐ A. 同质化严重　　☐ B. 部分同质化　　☐ C.同质化程度低

十、公司资本运营

☐ A. 没有上市计划　　☐ B. 正在上市，走流程　　☐ C. 已上市（上市类型）

统计结果：

A. ______________________________

B. ______________________________

C. ______________________________

检视结论：

6 个以上 A，商业模式处于劣势，必须重新设计；4 个以上 B，商业模式处于相对优势状态，需要重构；6 个以上 C 商业模式处于较好状态，需要升级完善。

商业模式是动态的而不是一成不变的，随着外部环境改变及用户变化而变化。

周祺林老师活动剪影